마법처럼 외워진다
한자 뜯어보기

한자 주문을
걸어봐

**마법처럼 외워진다
한자 뜯어보기**

한자 주문을
걸어봐

인쇄일 2014년 10월 20일
발행일 2014년 10월 30일

저　　자	金映潮
발 행 인	윤우상
총　　괄	윤병호
책임편집	최준명
북디자인	Design Didot 디자인디도
발 행 처	송산출판사
주　　소	서울특별시 서대문구 홍제 2동 104-6번지
전　　화	(02) 735-6189
팩　　스	(02) 737-2260
홈페이지	http://www.songsanpub.co.kr
등록일자	1976년 2월 2일. 제 9-40호

ISBN 978-89-7780-204-9 13710

이 도서의 국립중앙도서관 출판예정도서목록(CIP)은
서지정보유통지원시스템 홈페이지(http://seoji.nl.go.kr)와
국가자료공동목록시스템(http://www.nl.go.kr/kolisnet)에서 이용하실 수 있습니다.
(CIP제어번호 :CIP2014023477)

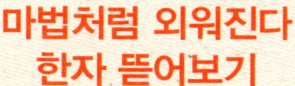

마법처럼 외워진다
한자 뜯어보기

한자 주문을
걸어봐

김영조 지음

송산출판사

머리말

환영합니다!

이 책은 한자 공부를 시작하는 독자에게 반짝반짝 빛나는 '한자 종합선물세트'같은 선물이 될 것입니다. ^^

본서는 한자 입문자를 위해 한자 공부에 필요한 기본적인 사항들을 최대한 빠짐없이 넣으면서 구성하였다. 정말 종합선물세트같은 느낌이 팍팍 들도록 최대한 흥미진진하게 꾸며보았다.

솔직히 한자는 어렵다. 특히 한자는 모양이 아주 복잡해서 알아보기 어렵고 쓰기도 힘든 글자이다. 그래서 어떡하면 초학자가 한자에 실증을 갖지 않고 정 코스를 완주할 수 있도록 할 수 있느냐를 고민한 끝에, 본서의 중간 중간에 새로운 난을 만들어 놓아 독자가 지루하게 느끼지 않도록 지면의 다양성을 추구해보았다. 마치 마라톤 주자에게 주위의 멋진 풍경을 감상하며 신나게 달릴 수 있도록 특별 보너스(코스)를 제공하는 차원이라고나 할까? 소 닭 보듯 몇 번 보고는 팽개쳐지는 그런 책이 아니라 늘 애정을 가지고 손에서 떠나지 않고 애지중지하는 한자책을 만들고 싶었다. 부디 본서가 한자 학습의 멘토같은 지도서가 되길 바란다.

자, 이 대목에서 독자를 위해 한자를 정확히 마스터할 수 있는 비결을 알려드리고자 한다. 필자도 이 방법으로 한자를 습득하였다. 흔히 한자를 처음으로 배울 때 한자를 그림을 그리듯 쓰는 경우가 종종 있다. 그러면 세 살 버릇 여든까지 간다는 말처럼 나중에 고치기가 아주 힘들 뿐만 아니라 게다가 몇 천자에 달하는 많은 한자를 하나하나 제대로 익히기란 여간 어려운 일이 아니다.

그러면, 한자(漢字)를 어떻게 하면 잘 쓸 수 있을까?

도대체 근사하게 쓸 수 있는 비법이라는 것이 있을까? 처음으로 한자를 배우는 학습자는 한번쯤은 이렇게 고민해보았을 것이다. 한글이나 영어의 경우는 아주 간단한 자음과 모음의 결합인 가나다와 알파벳만 익히면 되지만, 한자는 글자마다 네모난 공간 안에 여러 가지 모양의 복잡한 미로를 반복해서 그려내야 하는 활동(작업?)이기 때문에 더욱 어렵다. 가는 길을 알고 가는 노정과 가는 길을 전혀 예상할 수 없는 길을 가는 것은 그 목적지의 도달 여부로 봤을 때, 후자는 그만큼 비효율적이며 고역 그 자체일 수도 있다. 한자도 마찬가지이다. 한자의 획과 필순을 정확히 쓸 줄 아는 지도 선생의 세심한 지도 없이는 한자를 혼자서 익히기에는 일반인으로서는 어려운 일이다. 한자를 눈으로만 익히는 것으로 그 목적이 달성되면 굳이 한자를 쓸 필요조차 없겠지만, 한자 식별과 쓰기를 병행해야 하는 현실에서는 우선 정확한 쓰기가 선행된 후에야 한자의 습득의 효율이 전보다 훨씬 배가된다. 기하급수적으로 실력이 향상되지는 안 되더라도 어느 정도의 규칙이 손에 배면 한자를 숙달되게 쓸 수 있게 된다. 즉, 필순과 필획의 좌우상하 이동 방향을 정확하게 숙지한 상태에서는 그 어떤 한자를 쓸 경우에도 예외에서 벗어나지는 않기 때문이다. 어떤 일이나 처음엔 규칙을 지키기 힘들지만 숙달된 기예는 잘 짜여진 규칙과 꾸준한 연습에

서 나올 수 있다고 판단된다. 또한 그것은 첩경이다.

비법은 바로 이 책 안에 있다. 이 책을 유심히 본 독자는 본서에 있는 모든 표제자 부수의 획에 상하 좌우 필획의 여러 가지 각도로 표시해놓은 이동방향 화살표시(→)를 발견했을 것이다. 이 철칙을 반드시 지키자. 일부 독자들은 한자를 그냥 쓰면 되지 꼭 그렇게 필순대로 써야하느냐고 반문할지도 모른다. 이에 필순의 중요성에 대해서 몇 마디 언급하고자 한다.

일부 독자의 입장에서 보면 본서가 필획 방향표시를 강제성 있게 주장하고 있는 것으로 보일 수도 있다. 얼핏 보면 형식에 너무 치우쳐서 개성 있고 창의적이며 자유로운 필순을 용납 못하게 하는 것처럼 느껴져서 신경이 쓰일 것이다. 어쩌면 초등학교 때 처음 99단을 외워야 할 때처럼 무작정 따라하는 학습의 고통을 맛보게 될 수도 있을 것이다.

그러나 다시 강조하지만 본서는 한자를 필순과 필획방향에 따라 정확하게 쓸 수 있도록 하는 데 그 근본 취지가 있으며, 더 과격하고 직설적인 표현을 허락한다면 획순을 지키지 않고 마음대로 쓰려는 바르지 못한 습관을 억제하는 데 그 주된 목적이 있다고 분명히 밝혀둔다.

일부 독자들은 한자를 마치 한글 쓰듯이 한자 특유의 필획의 강약에 구애 없이 자유롭게 쓰고 싶을 것이다. 하지만 어떤 기능(스포츠 등)이나 할 것 없이 어느 정도의 규칙적인 훈련을 받지 않고서는 골프나 각종 구기 운동을 제대로 할 수 없는 것

처럼, 필순에 따라 쓰지 않으면 한자의 필획을 정확하게 쓸 수는 없다. 방법이 없다. 이제 인정을 해주자. 한자라는 서체가 이미 글쓰기의 수준을 넘어서 예술의 수준까지 승화될 수 있었던 '서예'라는 예술의 한 분야로 자리매김한 이유이기도 한 점을 인정할 필요가 있는 것이다. 또 그것은 한자의 서체가 갖는 유려하고 운치 있는 멋이기도 하다. 어쩌면 한자 숙지 능력은 평생 경쟁력이 될 수 있는 자신의 스킬이 될지도 모른다. 건투를 빈다. 파이팅!

　끝으로 좋은 원고를 쓸 수 있도록 독려해주신 송산출판사 사장님과 멋진 책을 위해 많은 도움을 주고 애써준 편집부의 최고 에디터분들에게 이 자리를 빌려 심심한 감사의 뜻을 전한다.

2014년 봄

金映潮 씀

목차

● 부수 차례

1획

2획

3획

이 책의 활용 방법 1

1

본 한자책은 한자 급수 4급의 1,000자 범위 내의 한자의 독음과 뜻, 획수, 필순, 관련 어휘를 찾아보거나 익히는 책이다. 또한 4급 이외의 활용빈도수가 많고 자주 쓰이는 개별 한자(열 몇 자)도 일부 포함되어있다.

2

이 책은 편제상 한자옥편의 체제구성에 따라서 부수(部首) 순(順)으로 한자를 찾아볼 수 있도록 정리되어있다. 마치 소형 한자사전인 옥편과 같은 기능을 한다. 예컨대, 찾으려는 한자는 부수만 알면 바로 찾을 수 있도록 획순별로 되어 있다. 만일 한자의 독음을 알고 있으면 이 책 뒷부분에 수록되어 있는 한글 색인부분으로 찾아볼 수도 있다.

3

특히 이 책은 기존 책과 차별화되어있는 특징이 한 가지 있다. 모든 한자마다 반짝반짝 빛나는 💡로 표시한 곳에 해당 한자를 쉽게 외울 수 있는 특수 주문(呪文) 형태의 초간단한 설명부분이 보일 것이다. 한자 왼쪽에 눈에 띄게 보일 수 있도록 또한 식상하거나 지루하지 않으며 시각적으로 돋보이도록 총천연색으로 꾸며놓았다. 신선하지 않은가? 그 설명을 읽으면 해당 한자와 관련된 한자 어휘도 덩달아 자동으로 연상되어 익힐 수 있도록 꾸며보았다. 아직까지 시도되지 않은 방법이지만 일석이조의 효과를 볼 수 있기를 바란다. 원래 그 자리에는 해당 한자의 정확한 어원 설명이 있어야 할 자리이다. 하지만 어렵고 해부하듯이 분석적인 설명은 한자 어원 전문가들에게나 필요한 것이지 초보 학습자에게는 자칫 한자 학습에 지루함을 느끼게 하거나 저해요소가 될지 모르기 때문에 간단하면서도 심플한 방법을 고안해낸 것이다. 너무나 쉬운 방법이지만 관련 이미지를 연상하며 한자를 익힐 수 있는 비법과도 같은 암기법이라고 판단한다. 마치 잘 삭힌 어리굴젓을 맛 보는듯한 묘한 감칠맛을 느껴보는 첫 경험이 되길 기대해본다. 대박!

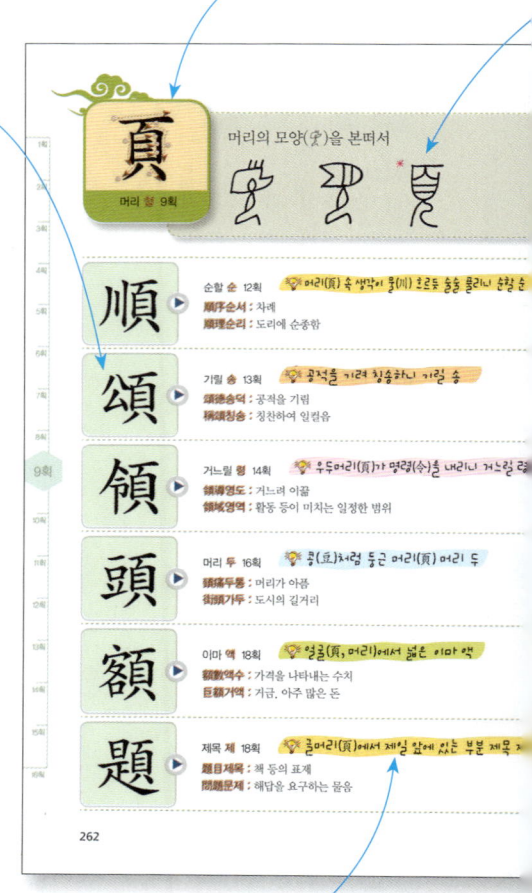

4

이 책의 또 다른 신선한 특징을 든다면 모든 부수자에 해당한 한자의 생성 초기의 글자모양을 제시해놓았다 점이 될 것이다. 이것이 바로 고대의 갑골(甲骨)문자인데 한자가 처음 생성될 때의 생생한 모습 그 자체이다.(갑골문자와 한자가 글꼴의 이미지 구조상 잘 연결이 안 되는 부수는 참고로 이해를 돕기 위해 ✳표시를 하여 금문이나 전서를 추가로 넣었음을 밝혀둔다.) 대략 자그마치 3,500여 년 전의 초창기 한자의 모태(母胎)를 감상하면서 현재 쓰고 있는 한자와 어떻게 다른지도 살펴보자. 이 글자들은 주로 상형(그림)문자가 많기 때문에 한자의 어원(語源)을 연상해보면 유추(類推)가 가능한 부분이 많아 새로운 발견을 할 수 있을 지도 모른다. 또한 갑골문에는 고대인들의 온갖 상상력이 총동원되어 있으므로 마치 추상화를 그린 것같이 만들어진 글자들도 많다. 그래서 어떤 모양들은 무엇을 구체적으로 형상화한 것인지 해독이 아직 안 되는 것도 많은 것이 현실이다. 참고로 현재까지 발견된 갑골문의 총 숫자는 4천 5백여 자이며, 그 중에서 이미 1,700여 자가 해독되었다. 나머지는 아직 해독 중인 셈이다.

기본 상식 고사성어 뜯어보기!

권토중래
捲土重來

[뜻] 흙먼지를 말아 일으키며 다시 쳐들어온다는 뜻으로, 한 번 실패한 자가 태세를 가다듬어 다시 공격해 온다는 말.

[어휘] 捲 : 말 권 | 土 : 흙 토 | 重 : 거듭할 중 | 來 : 올 래

[어순] 술어(捲) + 목적어(土) + 부사어(重) + 술어(來)

[유래] '권토중래(捲土重來)'는 만당(晩唐)의 시인 두목(杜牧)의 '제오강정(題烏江亭)'에서 나온 말이다. 이 시는 유방(劉邦)에게 패전한 불운의 풍운아 항우(項羽)를 읊은 시이다. 항우가 수치를 참고 재기했더라면 상황이 바뀌지 않았겠느냐 하며 애석하게 생각하는 시인의 애틋한 마음이 담겨있다.

오강(烏江)은 비운의 장사 항우가 자결한 곳으로 유명한 강이다. 두목은 오강을 거닐며 천 년 전 항우의 비장한 죽음을 회상하며 시를 지었다.

제오강정(題烏江亭)

전장의 승패는 기약할 수 없는 것으로, 수치와 부끄러움을 참는 것이 사나이네.
강동 땅에는 인재들이 많으니, 다시 재기해서 쳐들어올 수도 있으련만.
勝敗兵家不可期, (승패병가불가기)   包羞忍恥是男兒, (포수인치시남아)
江東子弟多豪傑, (강동자제다호걸)   捲土重來未可知, (권토중래미가지)

항우는 강동에서 같이 온 8000명의 부하들을 다 잃고 오강에 도달했을 때, 정장(亭長)으로부터 배를 타고 강동으로 돌아가라는 간곡한 권유를 뿌리친다. 이유는 패전하였는데 무슨 면목으로 강동의 부모형제를 만날 수 있겠냐는 것이었다. 마침 한군(漢軍)이 맹추격을 해오자 그 속으로 뛰어 들어가 수 백 명을 베어버린다. 순간 적군 속에서 옛 친구를 발견하고 자기 목을 가지고 상을 타라고 하며 스스로 목을 베어 죽는다.

107

5

본서는 독자들에게 읽을거리를 제공하는 차원에서 이 책의 중간 중간에 고대 중국의 흥미로운 옛 이야기들을 20여 가지 실어놓았다. 짧은 시간 내에 읽고 깊은 감동을 받을 수 있고, 또한 우여곡절이 많은 팍팍한 우리네 삶에 멘토 내지 자양분이 될 수 있는 유익한 이야기를 중심으로 골랐다. 글이 너무 길면 지루하므로 한 이야기는 한 페이지 안에서 모두 끝나도록 꾸몄다. 이 이야기가 바로 고사성어(故事成語)이다. 이는 일상생활 속에서 흔히 쓰이는 4자성어로 4자 어귀의 문법적, 구문적 결합 형식이나 한자의 뜻을 알고 싶은 독자들이 있을 경우 이해를 돕고자 풀이도 해놓았다.

1

여기에 나열된 8개의 한자들은 공통점이 있다. 무엇일까? 바로 모두 다 어떤 특정한 모양(부수)을 똑같이 갖고 있다. 잘 보면 공통 부수 '豕(시-돼지)'가 각각 있음을 알 수 있다. 한 눈에 같은 부수로 되어있는 한자들을 헤쳐 모이게 해서 볼 수 있으며 또한 연상적으로 외우기 편하도록 꾸몄다. 24쪽에 걸쳐 모두 12 가지 상용 부수(小, 犬, 羊, 羽, 虎, 豆, 豕, 車, 辰, 靑, 非, 鬼 등)와 관련 있는 한자들을 각각 8자씩 엄선해 넣었다. 본서는 옥편의 체재로 구성되어 있어서 이런 구성으로 되어 있지 않은데, 이 8자를 한자옥편의 부수의 순서별로 분류하면 즉, 豕(돼지 시), 豚(돼지 돈), 象(코끼리 상), 豪(호걸 호)자들은 부수 '豕(돼지 시)'에 들어있으며, 家(집 가)자는 부수 '宀(갓머리)'에 있고, 嫁(시집갈 가)자는 부수 '女(계집녀)'에 있으며, 逐(쫓을 축)자은 부수 '辶(책받침)'에 있고, 蒙(입을 몽)자은 부수 '艹(초두머리)'에 들어 있는 한자들이다. 본서는 4급 한자 1,000자를 분류한 것이지만 이 브레인스토밍 한자 8자에는 4급 이외의 한자도 들어있다.

· 브레인스토밍 한자 ·

豕

옛날엔 집(宀) 안에서 돼지(豕)를 키웠으니
家族(가족) 出家(출가)
家庭(가정) 作家(작가)
大家(대가)

家
집 가

豕
돼지 시

逐
쫓을 축

豚
돼지 돈

돼지(豕)의 옆모양(주둥이, 네 다리 꼬리)을 본뜬 글자
豕圈(시권): 돼지를 가두어 키우는 곳

돼지(豕)는 고기살(月-肉)이 많으니
養豚(양돈) 豚肉(돈육)

달아나는 돼지(豕)를 잡으려 쫓아가는(辶) 모양
逐出(축출) 角逐(각축)
角逐場(각축장)
角逐戰(각축전)
驅逐艦(구축함)

228

14

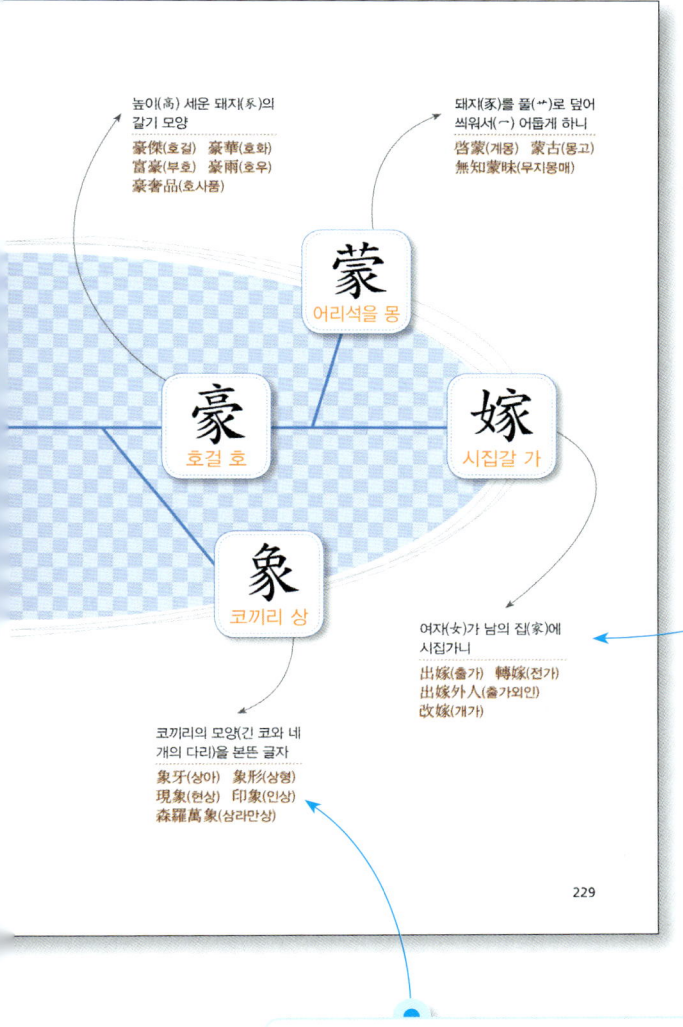

높이(高) 세운 돼지(豕)의 갈기 모양

豪傑(호걸)　豪華(호화)
富豪(부호)　豪雨(호우)
豪奢品(호사품)

돼지(豕)를 풀(艹)로 덮어 씌워서(冖) 어둡게 하니

啓蒙(계몽)　蒙古(몽고)
無知蒙昧(무지몽매)

蒙 어리석을 몽

豪 호걸 호

嫁 시집갈 가

象 코끼리 상

여자(女)가 남의 집(家)에 시집가니

出嫁(출가)　轉嫁(전가)
出嫁外人(출가외인)
改嫁(개가)

코끼리의 모양(긴 코와 네 개의 다리)을 본뜬 글자

象牙(상아)　象形(상형)
現象(현상)　印象(인상)
森羅萬象(삼라만상)

229

3

여기에 있는 자원 풀이는 본문의 한자 풀이법을 따르지 않고 새롭게 꾸며보았다. 한자의 원래 정통 자원의 해설을 십분 참조하고 또한 파자(破字-한자를 여러 개의 부수로 분해하여서 그 부수로 의미 결합을 하여 한자의 새로운 풀이를 제시하는 방법임)의 기법을 잘 활용하여 독자가 쉽게 이해할 수 있도록 각색을 하였다.

2

각 한자에 해당한 관련 어휘(2~4음절)를 5개 미만으로 선정하여 해설 아래 수록하였다. 단어의 해석은 달아놓지 않았다. 특히 한자의 독음만으로도 의미를 충분히 알 수 있는 상용 어휘를 골랐다.

15

육서(六書)란 무엇인가요?

한자는 다음과 같이 6가지의 조자(造字) 원리에 의해서 만들어졌다.

1. **상형(象形)** : 사물의 모양을 본뜨거나 사물을 대표할 수 있는 특징을 그림으로 그려서 만든 글자이다. 사람이나 새, 동물, 자연의 온갖 형체를 가지고 있는 사물이 상형자(象形字)의 대상이 된다.

   ⌒ → 山 → 山(뫼 산)

   ☼ → ⊙ → 日(해 일)

   → 馬 → 馬(말 마)

   → 魚 → 魚(고기 어)

2. **지사(指事)** : 구체적인 사물이 아닌 추상적인 개념을 형상화시켜서 점이나 선을 그어서 만들었으며, 부호의 이미지가 강한 글자이다.

   → 上 → 上(위 상)

   → 下 → 下(아래 하)

   → 木 → 本(밑 본)

   三 → 三 → 三(석 삼)

3. **회의(會意)** : 두 개 이상의 상형자(그림한자)가 서로 결합하여 새로운 의미를 만들어낸 글자이다.

   人(사람 인) + 木(나무 목) → 休(쉴 휴)

   日(해 일) + 月(달 월) → 明(밝을 명)

   木(나무 목) + 木(나무 목) → 林(수풀 림)

   戈(창 과) + 止(그칠 지) → 武(굳셀 무)

4. **형성(形聲)** : 두 한자가 결합하여 새로운 뜻의 한자를 만들어낸 글자이다. 이 두 한자는 각각 의미를 나타내는 부분과 소리를 나타내는 부분으로 되어있다.

(의미)　　　　(소리-발음)

口(입 구)　+ 門(문 문)　→ 問(물을 문)

氵(물 수)　+ 永(길 영)　→ 泳(헤엄칠 영)

心(마음 심) + 亡(망할 망) → 忘(잊을 망)

氵(물 수)　+ 靑(푸를 청) → 淸(맑을 청)

5. **전주(轉注)** : 한자 본래의 뜻에서 새롭게 다른 뜻으로 바뀐 글자이다.

(본래의 뜻)　　(다른 뜻)

樂(풍류 악) → 樂(즐길 락) → 樂(좋아할 요)

惡(악할 악) → 惡(미워할 오)

金(쇠 금)　 → 金(성 김)

長(길 장)　 → 長(어른 장)

6. **가차(假借)** : 발음이 유사한 한자를 빌려 써서 본래의 뜻과는 무관한 다른 의미를 나타내는 글자이다. 주로 외래어의 음역어(音譯語)로 쓰인다.

아시아(Asia) → 亞世亞(아세아)

달러(불($)=화폐단위) → 弗(불)

코카콜라 → 可口可樂(가구가락, 커커우커러)

아미타불(Amitabha Buddha) → 阿彌陀佛(아미타불-서방 정토의 극락세계에 머물면서 불법(佛法)을 설한다는 대승 불교의 부처)

한자의 부수(최소 의미 단위)는 한자를 구성하는 기본 요소로서 영어의 알파벳인 abc…xyz에 해당되는 성분으로 볼 수 있다. 물론 발음을 나타내는 자음과 모음의 요소가 아니라 의미만 나타내는 성분이며 한자 구성의 최소 단위의 의미 성분이다. 부수는 같은 그룹의 한자에 공통으로 들어가는 공통분모로 이해하면 된다. 예컨대, 雪(눈설), 雲(구름 운), 雷(우레 뢰), 電(번개 전), 霜(서리 상), 霧(안개 무) 등의 한자에 공통으로 들어있는 공통분모는 雨(비 우) 자임을 바로 알 수 있다. 바로 이 雨(우)를 부수(部首)라고 부른다. 한자 사전인 옥편(玉篇)은 바로 이 부수의 순서대로 모든 한자를 획수에 따라서 배열한 것이다. 부수는 총 214개가 있다. 영어의 알파벳보다 무려 8배나 많다. 그래서 그만큼 한자는 배우기가 어렵다는 것을 의미한다.

이 부수는 기본적으로 8개의 고정적인 위치에 놓여 그 기능을 수행한다. 위치에 따른 그 종류와 명칭은 다음과 같다.

1. **변(邊[가 변]) :** 한자의 왼쪽에 위치한 부수를 가리킨다.

河(강 이름 하), 仙(신선 선), 技(재주 기), 明(밝을 명)

위의 한자에서 왼쪽에 있는 부수를 각각 氵(물수 변)=水, 亻(사람인 변)=人, 扌(손수 변)=手, 日(날일 변)이라고 부른다.

2. **방(傍[곁 방]) :** 한자의 오른쪽에 위치한 부수를 가리킨다.

劍(칼 검), 動(움직일 동), 鷄(닭 계), 敎(가르침 교)

위의 한자에서 오른쪽에 있는 부수를 각각 刂(칼도방) 刀, 力(힘력방), 鳥(새조변), 攵(등글월문방)이라고 부른다.

3. **머리 :** 한자의 윗쪽에 위치한 부수를 가리킨다.

☐ 家(집 가), 交(사귈 교), 茶(차 차), 筆(붓 필)

위의 한자에서 윗쪽에 있는 부수를 각각 宀(갓머리), 亠(돼지해머리), ++(초두머리), 竹(대죽머리)라고 부른다.

4. **엄** : 한자의 위쪽과 왼쪽에 위치한 부수를 가리킨다. '厂'와 같은 모양이 된다.

☐ 層(층 층), 病(병 병), 虛(빌 허), 厚(두터울 후)

위의 한자에서 위쪽과 왼쪽에 위치한 부수를 각각 尸(주검시엄), 疒(병질엄), 虍(범호엄), 厂(민엄호)라고 부른다.

5. **발** : 한자의 아래 부분에 위치한 부수를 가리킨다.

☐ 盛(담을 성), 恩(은혜 은), 無(없을 무), 兵(군사 병)

위의 한자에서 아래 부분에 위치한 부수를 각각 皿(그릇명발), 心(마음심발), 灬(불화발), 八(여덟팔발)이라고 부른다.

6. **받침** : 한자의 왼쪽과 아래쪽에 위치한 부수를 가리킨다. 'ㄴ'과 같은 모양이 된다.

☐ 道(길 도), 通(통할 통), 延(끌 연), 超(넘을 초)

위의 한자에서 왼쪽과 아래쪽에 위치한 부수를 각각 辶(책받침), 廴(민책받침), 走(달아날주받침)이라고 부른다.

7. **몸** : 한자 전체를 '囗'의 모양처럼 완전히 에워싸거나 또는 '冂', '匚'의 모양처럼 아래쪽이나 오른쪽이 트여있거나 또는 'ㄱ' 모양을 한 부수를 '몸' 또는 '에울몸'이라고 부른다.

☐ 園(동산 원), 聞(들을 문), 再(두 재), 區(지경 구), 包(쌀 포), 鬪(싸움 투)

위의 한자에서 몸(에울몸) 부수를 각각 口(큰입구몸), 門(문문몸), 冂(멀경몸), 匚(터진입구몸), 勹(쌀포몸), 鬥(싸움투몸)이라고 부른다.

8. **제부수** : 한자 자체가 부수인 것을 가리킨다.

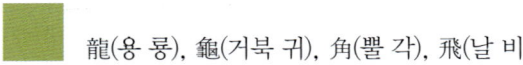 龍(용 룡), 龜(거북 귀), 角(뿔 각), 飛(날 비)

위와 같이 부수 자체가 글자인 경우는 각각 龍(용 룡), 龜(거북 귀), 角(뿔 각), 飛(날 비)라고 부른다.

한자의 구조는 이상의 8가지 이외에도 여러 가지 모양으로 구성되어 있다. 한자의 각종 구조를 자세히 뜯어보자.

한자는 정사각형의 네모의 공간 안에서 여러 가지의 부수들의 결합으로 이루어진 글자이다. 한자는 대체로 다음과 같이 30개의 유형으로 구성되어 있다. 다음은 그 구조 형식과 해당 한자이다.

1. 手(손 수), 文(글월 문), 水(물 수)

2. 男(사내 남), 秀(빼어날 수), 省(살필 성)

3. 宇(집 우), 邑(고을 읍), 市(저자 시)

4. 導(이끌 도), 島(섬 도), 書(쓸 서)

5. 露(이슬 로), 羅(새 그물 라), 賢(어질 현)

6. 賀(하례 하), 裝(꾸밀 장), 烈(세찰 열)

7. 背(등 배), 褶(익힐 습), 丁(넷째 천간 정)

8. 旦(아침 단), 魚(고기 어), 孟(맏 맹)

9. 勇(날쌜 용), 意(뜻 의), 算(셀 산)

10. 密(빽빽할 밀), 器(그릇 기), 藝(재주 예)

11. 勞(일할 로), 營(경영할 영), 靈(신령 령)

12. 配(짝 배), 卵(알 란), 紅(붉을 홍)

13. 使(하여금 사), 佛(부처 불), 滿(찰 만)

14. 引(끌 인), 劍(칼 검), 亂(어지러울 란)

15. 播(뿌릴 파), 錯(섞일 착), 暗(어두울 암)

16. 數(셀 수), 部(거느릴 부), 散(흩을 산)

17. 明(밝을 명), 鳴(울 명), 凍(얼 동)

18. 仁(어질 인), 如(같을 여), 知(알 지)

19. 謝(사례할 사), 街(거리 가), 柳(버들 류)

20. 班(나눌 반), 辨(분별할 변), 辯(말 잘할 변)

21. 鄕(시골 향), 術(꾀 술), 衛(지킬 위)

22. 病(병 병), 屈(굽을 굴), 康(편안할 강)

23. 道(길 도), 勉(힘쓸 면), 起(일어날 기)

24. 句(글귀 구), 包(쌀 포), 勿(말 물)

25. 區(지경 구), 匹(필 필), 匠(장인 장)

26. 問(물을 문), 鳳(봉새 봉), 同(한가지 동)

27. 幽(그윽할 유), 函(함 함), 凶(흉할 흉)

28. 國(나라 국), 回(돌 회), 圖(그림 도)

29. 品(물건 품), 晶(밝을 정), 森(나무 빽빽할 삼)

30. 樂(즐길 락), 變(변할 변), 響(울림 향)

필순의 원칙

　　한자를 쓸 때 필획의 선후 순서를 필순(筆順)이라고 한다. 한자의 필순 규칙은 아래와 같이 기본적으로 대략 12가지가 있다. 이 규칙은 옛부터 전해내려 오는 전통적인 방법으로 필순의 정석이라 할 수 있는 대표적인 필획의 진행 방법이다. 이 필순에 따라서 한자를 쓰면 빠르고 정확하고 쓸 수 있을 뿐만 아니라 한자의 구조를 이해하는 데도 도움이 된다.

1. 위에서 아래 방향으로 내려 쓴다.
   二(두 이) : ⼀ 二
   立(설 립) : ⼂ ⼇ ⽴ 立
   言(말씀 언) : ⼂ ⼇ ⾔ 言 言
   예 三(석 삼), 工(장인 공), 豆(콩 두), 宮(집 궁), 客(손 객)

2. 왼쪽에서부터 시작해서 오른쪽 방향으로 쓴다.
   川(내 천) : ⼁ ⼐ 川
   人(사람 인) : ⼃ 人
   訓(가르칠 훈) : 言 訓 訓 訓
   예 謝(사례할 사), 街(거리 가), 班(나눌 반), 八(여덟 팔)

3. 가로획을 먼저 쓰고 나서 세로획을 쓴다. 이와 같은 한자는 주로 가로획과 세로획이 서로 엇갈려있는 경우이다.
   十(열 십) : ⼀ 十
   七(일곱 칠) : ⼀ 七
   木(나무 목) : ⼀ 十 才 木
   예 土(흙 토), 求(구할 구), 才(재주 재), 丁(넷째 천간 정), 古(옛 고)

4. 사각형 모양은 세로획을 먼저 쓰고 나서 가로획을 쓴다.

口(입 구) : 丨 冂 口

回(돌 회) : 丨 冂 冂 冋 回 回

田(밭 전) : 丨 冂 日 田 田

예 甲(첫째 천간 갑), 申(아홉째 지지 신), 由(말미암을 유), 曲(굽을 곡), 四(넉 사)

5. 한가운데를 먼저 쓰고 나서 왼쪽을 쓰고 그 다음에 오른쪽을 쓴다. 이와 같은 한자는 주로 좌우가 대칭인 경우이다.

小(작을 소) : 亅 小 小

樂(즐길 락) : 自 絈 樂 樂

承(받들 승) : 了 手 耒 承

예 少(적을 소), 水(물 수), 永(길 영), 赤(붉을 적), 業(업 업), 泰(클 태), 函(함 함), 幽(그윽할 유), 綠(초록빛 록), 省(살필 성), 當(당할 당), 堂(집 당), 變(변할 변)

※ (예외) 性(성품 성), 火(불 화), 半(반 반), 辯(말 잘할 변)

性(성품 성) : 丶 丶 忄 性

火(불 화) : 丶 丶 少 火

半(반 반) : 丶 丶 二 半

6. 안을 둘러싸고 있는 바깥둘레인 몸을 먼저 쓴다.

國(나라 국) : 冂 國 國

問(물을 문) : 尸 門 問

風(바람 풍) : 丿 几 風

예 目(눈 목), 月(달 월), 圍(둘레 위), 句(글귀 구), 內(안 내), 司(맡을 사), 日(해 일), 再(두 재), 四(넉 사)

※ (예외) 區(지경 구), 匹(필 필), 醫(医)(의원 의)

區(지경 구) : 一 品 區

匹(필 필) : 一 兀 匹

医(의원 의) : 一 丟 医

23

7. 삐침(丿)을 먼저 쓰고 나서 파임(乀)을 쓴다.

文(글월 문) : ` ⼆ ⼤ 文

父(아비 부) : ⼋ ⼣ 父

又(또 우) : ⼅ 又

📖 久(오랠 구), 乘(탈 승), 收(거둘 수), 支(가를 지), 夏(여름 하), 大(큰 대)

8. 글자 한가운데를 꿰뚫는 세로획은 맨 나중에 쓴다. 위나 아래가 막혀있는 경우도 있음.

中(가운데 중) : 口 中

手(손 수) : ⼿ 手

車(수레 차) : 車 車

📖 申(아홉째 지지 신), 半(반 반), 事(일 사), 筆(붓 필), 華(꽃 화), 羊(양 양), 平(평평할 평), 妻(아내 처), 建(세울 건), 甲(첫째 천간 갑), 年(해 년), 律(법 률)

※ (예외) 위 아래를 다 꿰뚫지 않은 경우는 윗 부분만 세로획을 긋고 아래 부분은 가로획으로 마무리를 한다.

里(마을 리) : 口 旦 里

重(무거울 중) : ⼆ 台 旨 重 重

勤(부지런할 근) : 艹 芺 堇 堇 勤

9. 전체 글자의 중간을 좌에서 우로 꿰뚫는 가로획은 맨 나중에 쓴다.

母(어미 모) : 乃 母 母

女(여자 녀) : 乚 女 女

舟(배 주) : ⼂ ⼔ 月 月 舟

📖 子(아들 자), 冊(책 책), 每(매양 매), 再(두 재)

※ (예외) 世(대 세), 丑(소 축), 丹(붉을 단)

世(대 세) : 一 卄 世 世

10. 오른쪽 상단의 점과 중간 하단의 점 및 글자 사이의 점은 맨 나중에 찍는다.

成(이룰 성) : 成 成 成

太(클 태) : 大 太

武(굳셀 무) : 一 正 武 武

예 或(혹 혹), 獄(옥 옥), 錢(돈 전), 戰(싸울 전), 伐(칠 벌), 代(대신할 대),

  殘(해칠 잔), 式(법 식), 犬(개 견), 丸(알 환), 玉(옥 옥), 我(나 아), 髮(터럭 발)

11. 부수의 위치 중 'ㄴ'자 모양의 받침(글자의 왼쪽 부분과 아래 밑 부분을 싸고 있는
부수)인 '辶(책받침)', '廴(민책받침)'은 맨 나중에 쓴다.

造(지을 조) : 告 造

道(길 도) : 首 道

建(세울 건) : 聿 建

예 近(가까울 근), 適(갈 적), 遠(멀 원), 運(돌 운), 廷(조정 정), 庭(뜰 정),

  延(끌 연)

※ (예외) 趣(달릴 취), 起(일어날 기), 勉(힘쓸 면) 등과 같이 받침이 '走(달릴 주)'나

  '免(면할 면)'인 경우는 받침 부분을 먼저 쓴다.

  趣(달릴 취) : 走 起 趣

  勉(힘쓸 면) : 免 勉

12. 다음은 틀리게 쓰기 쉬워서 주의해서 써야 할 필순(筆順-글자 획을 긋는 순서)이
다. 이들 한자의 구조는 삐침(丿)과 가로획(一)이 결합된 경우인데, 두 가지 순서
가 있다.

첫째, 삐침(丿)은 짧게 쓰고 가로획(一)을 길게 써야하는 '右(오른쪽 우)', '有(있을
유)'같은 글자는 삐침(丿)을 먼저 쓰고 나서 가로획(一)을 쓴다.

右(오른쪽 우) : 丿 ナ 右

有(있을 유) : 丿 ナ 有

布(베 포) : 丿 ナ 布

希(바랄 희) : 丶 ナ 产 希

둘째, 삐침(丿)을 길게 쓰고 가로획(一)을 짧게 써야하는 '左(왼 좌)', '友(벗 우)' 같은 글자는 가로획(一)을 먼저 쓰고 나서 삐침(丿)을 쓴다.

左(왼 좌) : 一 ナ 左

友(벗 우) : 一 ナ 友

在(있을 재) : 一 ナ 在

存(있을 존) : 一 ナ 才 存

髮(터럭 발) : 髟 髣 髮

마법처럼 외워진다
한자 뜯어보기

한자
주문을 걸어봐

1획

2획

3획

4획

5획

6획

7획

8획

9획

10획

11획

12획

13획

14획

15획

16획

一
한 일 1획
가로줄선 하나로 표현 (一)

一 一 一

한 일 1획　💡 한 선(一)이니 한 일
同一동일 : 어떤 것과 구별 없이 똑같음
一切일체 : 모든, 온갖

장정 정 2획　💡 우람하고 건장한 남자 장정 정
兵丁병정 : 병역에 복무하는 장정
壯丁장정 : 기운이 좋은 젊은 남자

일곱 칠 2획　💡 일곱 번째 숫자 일곱 칠
七夕칠석 : 음력 7월 7일 밤
七去之惡칠거지악 : 옛날, 아내를 내쫓을 수 있는 일곱 가지의 아내의 나쁜 행실

석 삼 3획　💡 세 선(三)이니 석 삼
三伏삼복 : 초복, 중복, 말복의 총칭
三更삼경 : 밤 12시

위 상 3획　💡 지면 위에 있으니 위 상
上級상급 : 윗 등급
上體상체 : 몸의 윗부분

아래 하 3획　💡 지면 아래에 있으니 아래 하
下層하층 : 건물의 아래층
下野하야 : 관직에서 물러남

아닐 불 4획 　💡 부정의 의미 아닐 불

不斷부단 : 계속됨
不可불가 : 옳지 아니함

세대 세 5획 　💡 30(十十 → 卅 → 丗)년은 한 세대이니 세대 세

世代세대 : 한 시대. 30년을 한 한 세대로 잡음
世波세파 : 세상살이에서 겪는 풍파

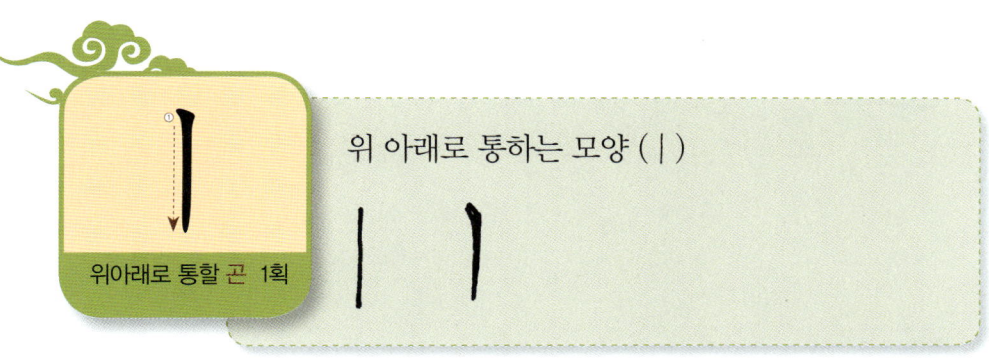

위 아래로 통하는 모양 (|)

위아래로 통할 곤 1획

가운데 중 4획 　💡 네모(ロ) 가운데를 반으로 가르니(|) 가운데 중

集中집중 : 한곳으로 모임
中止중지 : 중도에서 그침

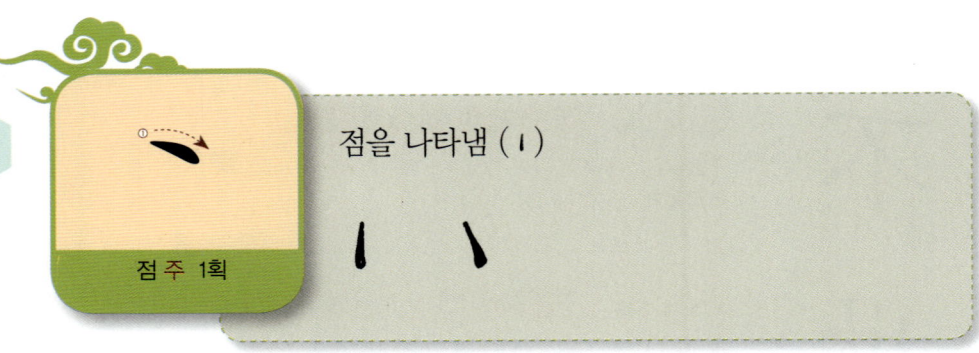

점을 나타냄 (﹅)

점 주 1획

ﾉ ＼

丸 ▶

알 환 3획   💡 아홉(九)번 주무르자 점(﹅)처럼 둥글둥글해지니 알 환

彈丸탄환 : 탄알
丸藥환약 : 작고 둥글게 빚은 알약

主 ▶

주인 주 5획   💡 왕(王)으로 점(﹅) 찍은 주군이니 주인 주

主人주인 : 물건의 임자. 가장
主演주연 : 영화에서 주인공 역할을 맡은 사람

아래로 내려가며 삐친 모양의 획 (ノ)

삐침 별 1획

ノ ノ

오랠 구 3획   💡 영구한 것은 오래 가니 오랠 구

永久영구 : 오랫동안 계속되어 끝없음
耐久내구 : 오래 견딤

탈 승 10획　　☀ 승객은 타는 사람이니 탈 승

乘客승객 : 차나 배를 탄 손님
乘馬승마 : 말을 타다

새의 모양(乙)을 본떠서

새 을 1획

아홉 구 2획　　☀ 아홉 번째 숫자 아홉 구

九泉구천 : 저승
九死一生구사일생 : 여러 번 죽을 고비를 넘기고 살아남

젖 유 8획　　☀ 애(子)에게 젖을 먹이니 젖 유

乳母유모 : 젖어미
乳兒유아 : 젖먹이

어지러울 난[란] 13획　　☀ 난리가 나서 어지러울 난

亂局난국 : 어지러운 판국　　☞ 亂은 약자로 乱라고 쓴다.
亂入난입 : 난폭하게 여럿이 마구 밀고 들어감

갈고리 궐 1획

갈고리의 모양(⌡)을 본떠서

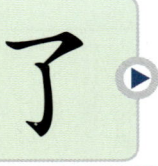

마칠 료 2획

💡 일을 끝마치니 마칠 료

終了종료 : 끝마침
完了완료 : 완전히 끝마침

일 사 8획

💡 사리대로 일처리를 하니 일 사

事件사건 : 뜻밖에 일어난 변고
事理사리 : 사물의 이치나 일의 도리

1획
2획
3획
4획
5획
6획
7획
8획
9획
10획
11획
12획
13획
14획
15획
16획

각주구검
刻舟求劍

[뜻] 뱃전에 표시를 해두었다가 떨어뜨린 칼을 건지려한다는 뜻으로 고지식하고 어리석은 행동을 가리키는 말이다.

[어휘] 刻 : 새길 각 / 舟 : 배 주 / 求 : 구할 구 / 劍 : 칼 검

[어순] 술어(刻) + 목적어(舟) + 술어(求) + 목적어(劍)

[유래] 전국시대(戰國時代) 때, 초(楚)나라의 한 무사가 배를 타고 도도히 흐르는 양자강을 건너고 있었다. 마침 배 안에는 배를 탄 사람들이 서로 한데 모여서 세상 돌아가는 이야기들을 하고 있었다. 배가 거의 강 한복판쯤 왔을 때였다. 무사는 이야기에 정신이 팔려 귀가 솔깃해서 흥미진진한 재미있는 이야기를 한창 듣는데, 갑자기 바람이 불어와 파도가 쳐서 배가 출렁이자 자세가 흐트러지면서 어떨 결에 손에 들고 있던 칼을 그만 강물 속에 떨어뜨리고 말았다.

무사는 허겁지겁 두 손으로 강물 속을 휘저어봤지만 칼은 이미 가라앉고 없었다. 그러자 얼른 품속에서 단검을 꺼내들고 바로 칼이 빠진 뱃전에다가 표시를 하였다. 옆에서 이를 지켜보던 사람들이 의아해 여기자 무사는 자신 있게 말했다.

"칼이 떨어진 곳을 정확히 표시를 해두었으니 찾을 수 있을 거야."

배가 나루터에 정박하자 무사는 표시를 해놓은 뱃전 아래로 내려가서 칼을 찾았다. 한참을 찾았지만 떨어진 위치가 틀리기 때문에 찾을 리 만무하였다. 이를 지켜보던 구경꾼들이 어이없어하며 그의 어리석음을 비웃었다.

이 이야기는 강물에 칼을 떨어뜨린 사람이 배가 정박하면 그 칼을 찾으려고 배가 움직이는 것도 고려해 넣지 않고 뱃전에다 표시를 하였다는 뜻에서, 고집스럽고 어리석음을 비유하는 말이다.

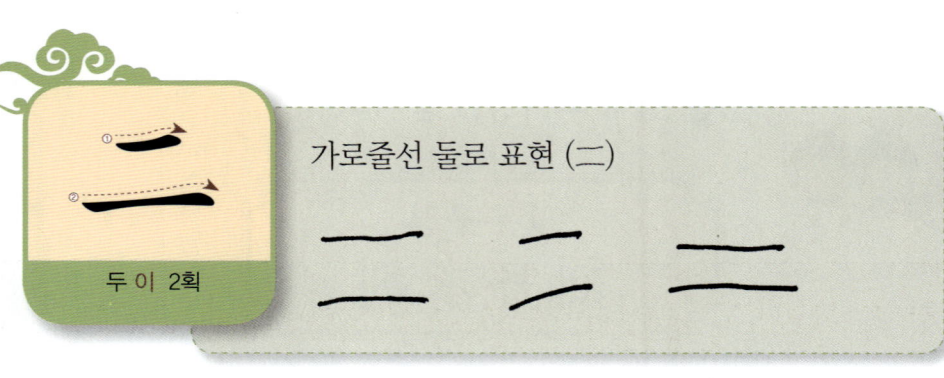

가로줄선 둘로 표현 (二)

두 이 2획

두 이 2획 💡 두 선이니 두 이

二級이급 : 둘째 등급
二毛作이모작 : 한 토지에서 1년에 두 번 농사를 지음

다섯 오 4획 💡 다섯 번째 숫자 다섯 오

五感오감 : 시각, 청각, 후각, 미각, 촉각의 다섯 감각
五穀오곡 : 5 가지 중요한 곡식. 쌀, 보리, 콩, 조, 기장

두(亠)는 돼지 해(亥)의 머리 부분 (人)

돼지해 머리 두 2획

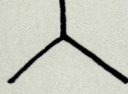

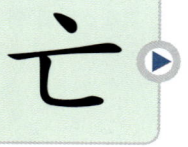

죽을 망 3획 💡 사람이 사망하니 죽을 망

亡者망자 : 죽은 사람
亡命망명 : 탄압을 받는 사람이 다른 나라로 나감

1획
2획
3획
4획
5획
6획
7획
8획
9획
10획
11획
12획
13획
14획
15획
16획

34

사귈 교 6획　💡 여섯 번(六)이나 교류했어도 아니면(乂)은 사귈 수 없으니 사귈 교

交通교통 : 서로 오가는 일
交易교역 : 거래, 물물교환

서울 경 8획　💡 한 나라의 수도 서울 경

京鄕경향 : 서울과 시골
歸京귀경 : 서울로 돌아옴

사람의 옆모습(亻)을 본떠서

사람 인 2획

사람 인 2획　💡 사람의 모양 사람 인

人家인가 : 사람이 사는 집
人物인물 : 재능이나 능력이 있는 뛰어난 사람

이제 금 4획　💡 현재의 바로 이 시간 이제 금

今日금일 : 지금 시간이 흐르고 있는 이날
昨今작금 : 어제와 오늘을 아울러 이르는 말

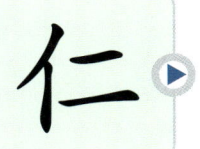

어질 인 4획　💡 어진 사람을 둘이 섬기니 어질 인

仁德인덕 : 어진 덕
仁義인의 : 인(仁)과 의(義)

35

代

대신할 대 5획　💡 남을 대신하니 대신할 대

代理대리 : 남을 대신하여 처리함
代案대안 : 어떤 안(案)을 대신하거나 바꿀 만한 안

令

명령 령[영] 5획　💡 군령을 내리니 명령할 령

令夫人영부인 : 남의 아내를 높이어 일컫는 말
命令명령 : 윗사람이 아랫사람에게 무엇을 하게 함

仕

섬길 사 5획　💡 선비 대하듯 섬기니 섬길 사

給仕급사 : 잔심부름을 시키기 위해 고용하는 사람
奉仕봉사 : 서비스

仙

신선 선 5획　💡 산에 사는 사람은 신선 같으니 신선 선

神仙신선 : 산속에 살며 도술을 부리고, 장생불사(長生不死)한다는 사람
詩仙시선 : 선인(仙人)의 기질을 지닌 천재적 시인

以

써 이 5획　💡 도구나 시간, 장소의 기점을 나타내니 써 이

以前이전 : 그전
以來이래 : 그 뒤로. 어느 일정한 때로부터 지금에 이르기까지

他

다를 타 5획　💡 나 이외의 다른 사람 남 타

他人타인 : 남
他界타계 : 어른이나 귀인(貴人)의 죽음을 높여 이르는 말

件

사건 건 6획　💡 소가 사람처럼 행동하니 사건 건

物件물건 : 일정한 형체를 갖춘 물질적 대상
件數건수 : 일이나 사건 따위의 가짓수

伐

칠 벌 6획　💡 사람을 무기로 공격하니 칠 벌

伐木벌목 : 나무를 벰
殺伐살벌 : 거칠고 무시무시하다

伏 ▶ 엎드릴 복 6획　🔆 개가 사람 앞에 엎드리니 엎드릴 복

伏兵복병 : 적을 기습하려고 숨겨 놓은 군사

伏線복선 : 뒤에 감추어진 내용

任 ▶ 맡길 임 6획　🔆 남에게 임무를 맡기니 맡길 임

適任적임 : 어떤 임무를 맡기에 알맞음

在任재임 : 어떤 직책의 임무를 수행하다

休 ▶ 쉴 휴 6획　🔆 사람이 나무에 기대여 쉬니 쉴 휴

休暇휴가 : 근무를 일정 기간 쉼

休止휴지 : 쉼. 끝남

佛 ▶ 부처 불 7획　🔆 절에 모신 신 부처 불

佛經불경 : 불교의 경전

佛道불도 : 불법의 도

位 ▶ 자리 위 7획　🔆 사람이 자리에 서있으니 자리 위

方位방위 : 동, 서, 남, 북의 위치

位階위계 : 계급, 지위의 등급

作 ▶ 지을 작 7획　🔆 사람이 작품을 만드니 지을 작

作家작가 : 작품을 만드는 사람

作用작용 : 사물에 영향을 미침

低 ▶ 밑 저 7획　🔆 사람이 아래에 있으니 낮을 저

低價저가 : 싼값

低級저급 : 낮은 등급

住 ▶ 살 주 7획　🔆 사람이 주인으로 살고 있으니 살 주

住所주소 : 살고 있는 곳

住居주거 : 주택

1획

2획

3획

4획

5획

6획

7획

8획

9획

10획

11획

12획

13획

14획

15획

16획

來 ▶ 올 래[내] 8획 💡 화자 쪽으로 향하니 올 래
來日내일 : 오늘의 바로 다음날
來往내왕 : 오고 가고 함

例 ▶ 보기 례[예] 8획 💡 여러 예를 드니 보기 예
例文예문 : 용례 문장
例外예외 : 일반적 규칙에 벗어나는 일

使 ▶ 사신 사 8획 💡 외국에 사신으로 파견하니 사신 사
使臣사신 : 외국으로 임무를 수행하는 신하
使命사명 : 주어진 임무

依 ▶ 의지할 의 8획 💡 사람은 옷에 의지해 사니 의지할 의
依支의지 : 기대다
依據의거 : 근거로 삼음

係 ▶ 이을 계 9획 💡 사람 관계는 이어져있으니 이을 계
關係관계 : 여러 대상이 서로 연결되어 얽혀 있음. 사람들끼리 서로 사귀거나 영향을 주고받는 사이

保 ▶ 지킬 보 9획 💡 사람을 보호하니 지킬 보
保障보장 : 잘못되는 일이 없도록 보증함
保管보관 : 물건을 맡아둠

俗 ▶ 속세 속 9획 💡 사람들이 모여 있는 계곡이니 속세 속
俗語속어 : 저속한 말
俗世속세 : 세상 사람들이 사는 이 세상

信 ▶ 믿을 신 9획 💡 남의 말을 믿으니 믿을 신
信念신념 : 굳게 믿는 마음
信義신의 : 믿음과 의리

侵 ▶

침노할 침 9획　🔆 남의 땅을 침범하니 침노할 침

不可侵불가침 : 침범해서는 안 됨
侵攻침공 : 침입하여 공격함

便 ▶

편할 편 9획　🔆 편리하게 고치니 편할 편

便利편리 : 편하고 손쉬움
便安편안 : 편하고 걱정이 없음

個 ▶

낱 개 10획　🔆 사람은 하나하나 개인이니 낱 개

個個개개 : 낱낱. 하나하나
個體개체 : 낱낱의 물체

倍 ▶

갑절, 곱 배 10획　🔆 사람(亻)이 서서(立) 말(口)하면 두 배로 힘드니 갑절 배

倍加배가 : 갑절로 늘어나다
倍達배달 : 단군 시대의 조선(朝鮮)의 이름

修 ▶

닦을 수 10획　🔆 닦고 수리하니 닦을 수

修交수교 : 두 나라가 국교를 맺음
修身수신 : 몸을 닦아 행실을 바르게 함

候 ▶

기후 후 10획　🔆 날씨의 기상 상태 기후 후

節候절후 : 절기(節氣)
氣候기후 : 기온, 비, 눈, 바람 등의 대기(大氣) 상태

假 ▶

거짓 가 11획　🔆 사람이 거짓으로 꾸미니 거짓 가

假面가면 : 탈
假說가설 : 어떤 사실을 설명하기 위해 임시로 세운 이론

健 ▶

튼튼할 건 11획　🔆 사람이 건강하니 튼튼할 건

健康건강 : 병이 없음. 튼튼함
健壯건장 : 씩씩하고 굳셈

偉 ▶ 훌륭할 위 11획　🔍 위대한 사람이니 훌륭할 위
偉大위대 : 뛰어나고 훌륭함
偉人위인 : 뛰어나고 훌륭한 사람

停 ▶ 머무를 정 11획　🔍 사람이 정자에 머무르니 머무를 정
停年정년 : 퇴직하도록 정해져 있는 나이
停止정지 : 중도에서 그만 둠

傑 ▶ 뛰어날 걸 12획　🔍 걸작은 뛰어난 작품이니 뛰어날 걸
傑出걸출 : 남보다 훨씬 뛰어남
傑作걸작 : 매우 훌륭한 작품

備 ▶ 갖출 비 12획　🔍 미리 준비하여 쓸 것을 갖춰 놓으니 갖출 비
備品비품 : 늘 갖추어 두고 쓰는 물품
準備준비 : 미리 마련하여 갖춤

傾 ▶ 기울 경 13획　🔍 사람이 나이 들어 변하면(化) 머리(頁)가 기우니 기울 경
傾注경주 : 열중하여 한곳에만 기울임
傾向경향 : 추세

傷 ▶ 상처 상 13획　🔍 사람이 부상을 당하니 상처 상
傷害상해 : 남에게 상처를 입히다
傷心상심 : 마음을 상함

傳 ▶ 전할 전 13획　🔍 사람들 사이에 전해지니 전할 전
傳說전설 : 전해 내려오는 이야기
傳統전통 : 전해 내려오는 사상이나 관습, 행동

價 ▶ 값 가 15획　🔍 장사하는 사람이 값(賈)을 매기니 값 가
物價물가 : 물품의 값
評價평가 : 사물의 가치나 수준을 평하다

儉 ▶ 검소할 검 15획   💡 사람이 검약하니 검소할 검

儉素검소 : 사치하지 않고 수수함
儉約검약 : 절약하여 낭비하지 않음

億 ▶ 억 억 15획   💡 억만금을 가진 사람 억 억

億萬억만 : 많은 수를 이르는 말
億萬長者억만장자 : 많은 재산을 가진 갑부

儀 ▶ 격식 의 15획   💡 격식을 따지는 사람 격식 의

儀式의식 : 어떤 행사를 치르는 격식
儀表의표 : 본보기

儒 ▶ 선비 유 16획   💡 유학을 공부하는 사람 선비 유

儒學유학 : 공자(孔子)를 시조로 하고 그의 가르침을 근본으로 삼는 전통적
인 학문
儒生유생 : 유학을 배우는 사람

優 ▶ 우수할 우, 배우 우 17획   💡 사람이 근심하며 노력하면 뛰어나게 되니 우수할 우

優等우등 : 성적이 우수함
優勝우승 : 경기에서 승리함

간담상조
肝膽相照

[뜻] 서로 간과 쓸개를 꺼내 보인다는 뜻으로 마음이 잘 맞는 절친한 사이를 가리키는 말.

[어휘] 肝 : 간 간 / 膽 : 쓸개 담 / 相 : 서로 상 / 照 : 비칠 조

[어순] 주어(肝膽) + 부사어(相) + 술어(照)

[유래] 당나라 때, 당송팔대가(唐宋八大家) 중 대문장가인 유종원(柳宗元)과 한유(韓愈)는 함께 고문부흥(古文復興)운동을 제창한 동지로서 세상 사람들로부터 한유(韓柳)라 불릴 정도로 아주 절친한 사이였다. 유종원이 젊은 나이로 세상을 떠나자 한유는 유종원의 묘지명을 써서 유종원의 사람됨과 두터운 우정을 보여준 점들을 높이 평가하였다.

"유종원이 반대세력인 수구파에 의해 좌천당했다가 다시 소환되어 유주자사(柳州刺史)로 임명받았을 때, 친구인 유몽득(劉夢得)이 변경에 있는 파주자사(播州刺史)로 좌천되었다. 유종원은 유몽득이 연로한 어머니를 모시기도 힘든 변경으로 갈 수 없는 상황인 것을 알고, 자신도 좌천되는 처지에도 불구하고 친구 대신 자신이 변경으로 지원하려 했다. 어명을 거역하면 어떤 중벌을 받을 지도 모르는 상황에서 친구에 대한 배려심을 잃지 않았다." 유몽득은 유종원의 청원 덕분에 황제의 윤허를 받아 파주보다 좀 나은 곳으로 가게 되었다.

한유는 우정을 빙자한 천박한 사귐을 증오하는 자신의 지론을 다음과 같이 썼다.

"사람은 역경에 처했을 때 비로소 진정한 친구의 진면목을 알 수 있게 된다. 평소 잘 먹고 잘 지낼 때는 친구에게 영원히 변치 말자고 하늘에 맹세까지 하며 간(肝)도 쓸개(膽)도 빼줄듯이 의리 있는 것처럼 행동한다. 하지만 일단 이해관계가 개입되면 친구고 뭐고 언제 봤냐는 식으로 안면을 바꾸는 것이 작금의 세태가 아니겠는가. 게다가 곤경에 빠져도 도와주기는커녕 오히려 더 밀어 넣으려고 돌까지 던지는 짓까지 하는 자가 도처에 널려있다."

儿

어진사람 인 2획

서 있는 사람의 옆모습(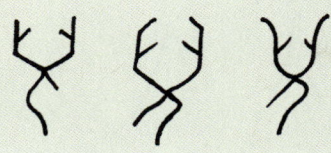)을 본떠서

元 ▶

으뜸 원 4획　💡한 방면에 원조이니 으뜸 원

元祖원조 : 어떤 일을 처음으로 시작한 사람
壯元장원 : 과거에서 일등으로 급제함

兄 ▶

맏 형 5획　💡형제의 맏이는 형이니 맏 형

兄弟형제 : 형과 아우
兄夫형부 : 언니의 남편

光 ▶

빛 광 6획　💡월광(달빛)이 빛나니 빛 광

榮光영광 : 빛나고 아름다운 영예
光明광명 : 빛

先 ▶

먼저 선 6획　💡남보다 앞서니 먼저 선

先生선생 : 학생을 가르치는 사람
先進선진 : 문물이 앞섬

充 ▶

찰 충 6획　💡모자람 없이 가득 채우니 찰 충

充滿충만 : 가득 차다
充員충원 : 부족한 인원을 채우다

兒 ▶

아이 아 8획　💡절구(臼)에 떡을 치면 아이들이 몰려오니 아이 아

兒童아동 : 어린이
幸運兒행운아 : 운이 좋아 일이 뜻대로 잘되어 가는 사람

화살촉 모양(人)을 본떠서

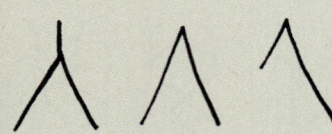

人 人 人

들 입 2획

들 입 2획 　💡 안으로 들어가니 들 입

入門입문 : 어떤 조직이나 분야에 들어감
入山입산 : 산에 들어감

안 내 4획 　💡 물체의 안쪽 안 내

內面내면 : 물건의 안쪽
內外내외 : 안팎

온전할 전 6획 　💡 왕은 온 나라를 통치하니 온전할 전

安全안전 : 편안하고 온전한 상태
全國전국 : 온 나라

두 량[양] 8획 　💡 입(入)자가 둘이니 둘 량

兩端양단 : 물건의 양쪽 끝
兩親양친 : 부모

반으로 쪼개서 나뉜 모양(八)을 본떠서

八) ( ) (

여덟 팔 2획

八 ▶

여덟 팔 2획　 여덟 번째 숫자 여덟 팔

八字팔자 : 사람의 타고난 운수나 분수
八方팔방 : 모든 방면

公 ▶

공평할 공　4획　 사심 없이 공정하니 공평할 공

公正공정 : 공평하고 올바름
公開공개 : 모두에게 개방함

六 ▶

여섯 육[륙]　4획　 여섯 번째 숫자 여섯 육

六角形육각형 : 여섯 개의 모를 가지고 있는 평면 도형
六感육감 : 오관 이외의 감각. 영감(靈感)

共 ▶

함께 공　6획　💡 공동으로 함께 하니 함께 공

共同공동 : 다들 일을 함께 함
共存공존 : 함께 존재함

兵 ▶

군사 병　7획　💡 언덕(丘) 위에 여덟(八) 명의 병사가 배치되니 군사 병

兵士병사 : 군사
兵法병법 : 전쟁에서 전투를 벌이는 방법

具 ▶

갖출 구　8획　 재물(貝)을 하나(一)도 빠짐없이 갖추니 갖출 구

具色구색 : 필요한 것을 골고루 갖춤
具現구현 : 구체적으로 실현함

典 ▶ 법 전 8획　🔅 지켜야 할 규범 법 전

法典법전 : 국가가 제정한 성문 법규집
典當전당 : 물건을 담보로 돈을 빌림

멀 경 2획

경계선 모양(ㅐ)을 본떠서

넙ㅐㄇ

册 ▶ 책 책 5획　🔅 책방에 책이 많으니 책 책

册子책자 : 책
册房책방 : 서점　　☞ 册은 冊으로도 씀.

再 ▶ 두 재 6획　🔅 행위를 또 반복하니 다시 재

再考재고 : 다시 생각함
再生재생 : 되살아남

46

두건의 모양(冂)을 본떠서

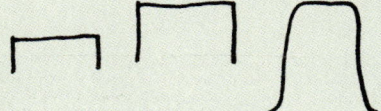

민갓머리/덮을 멱 2획

冠 ▶

갓 관 9획　　💡머리에 쓰는 관 갓 관

金冠금관 : 왕이 쓰던 금으로 만든 관
王冠왕관 : 임금이 머리에 쓰는 관

冥 ▶

저승 명 10획　　💡어두운 저승길 저승 명

冥福명복 : 사후의 행복
冥府명부 : 저승

얼음의 균열 모양(仌)을 본떠서

이수변/얼음 빙 2획

冬 ▶

겨울 동 5획　　💡얼음이 어는 계절 겨울 동

立冬입동 : 일 년 중 겨울이 시작된다는 날
冬至동지 : 일 년 중 낮이 가장 짧고 밤이 가장 길다는 날

47

冷 ▶ 찰 랭[냉] 7획　🔆 냉동해서 몹시 차니 찰 냉
冷水냉수 : 찬물
冷氣냉기 : 찬 기운

안석 궤 2획

작은 탁자 모양(∩)을 본떠서

凡 ▶ 무릇 범 3획　🔆 범인은 평범하니 무릇 범
凡例범례 : 일러두기
凡人범인 : 평범한 사람

위튼입 구 2획

구덩이의 모양(∪)을 본떠서

흉할 흉 4획　🔆 불길하여 나쁘니 흉할 흉
凶年흉년 : 농작물이 잘 안 된 해
凶作흉작 : 농작물이 잘되지 못함

出 ▶ 날 출 5획 💡 산 위에 또 산이 나오니 나올 출
出家출가 : 집을 떠나감
出現출현 : 나타남

칼 모양(刂)을 본떠서

칼 도 2획

分 ▶ 나눌 분 4획 💡 칼로 잘라 나누니 나눌 분
分布분포 : 널리 퍼져있음
分野분야 : 어떤 사물의 범위나 방면

切 ▶ 끊을 절 4획 💡 칼로 일곱 번이나 자르니 끊을 절
切斷절단 : 끊음
切開절개 : 몸의 일부를 째어서 가름

列 ▶ 벌릴 렬 6획 💡 시신(歹)을 칼(刂 –刀)로 해부해 벌려놓으니 벌릴 렬
列强열강 : 강대한 나라들
隊列대열 : 대를 지어 늘어선 열

刑 ▶ 형벌 형 6획 💡 형벌을 칼로 집행하니 형벌 형
刑法형법 : 형벌의 법칙과 규범
刑事형사 : 형법에 적용을 받는 사건

1획

2획

3획

4획

5획

6획

7획

8획

9획

10획

11획

12획

13획

14획

15획

16획

利 ▶ 이로울 리 7획　💡벼를 칼로 베어 수확하니 이로울 이

便利편리 : 편하고 이로우며 이용하기 쉬움
利用이용 : 이롭게 씀

別 ▶ 헤어질 별 7획　💡이별은 칼로 에이는듯하니 헤어질 별

別居별거 : 따로 떨어져 삶
別世별세 : 죽음

初 ▶ 처음 초 7획　💡옷(衣)에 처음 칼(刀)질을 하니 처음 초

初期초기 : 처음이 되는 시기
初步초보 : 첫걸음

判 ▶ 판가름할 판 7획　💡칼로 자르듯 판단하니 판가름할 판

判斷판단 : 사물의 가치와 관계를 결정함
判官판관 : 법관

刻 ▶ 새길 각 8획　💡칼로 돼지(亥) 모양을 조각하니 새길 각

刻苦각고 : 고생을 견디며 애를 씀
刻印각인 : 도장을 새김

券 ▶ 문서 권 8획　💡증표가 되는 문서이니 문서 권

證券증권 : 어음, 수표, 채권 등 증서
債券채권 : 자금을 차입할 때에 발행하는 공채나 사채

到 ▶ 이를 도 8획　💡제 시간에 칼(刂)같이 도착(至)하니 이를 도

到着도착 : 목적지에 다다름
到來도래 : 와 닿음

制 ▶ 마를 제 8획　💡칼로 잘라 제작하니 마를 제

制度제도 : 제정된 법규
制限제한 : 정해진 한도

前 ▶ 앞 전 9획 🔅 칼을 휘두르며 앞장서니 앞 전

前景전경 : 앞에 보이는 경치
前後전후 : 앞과 뒤

則 ▶ 법칙 칙 9획 🔅 재산(貝)을 원칙에 따라 칼(刂)같이 나누니 법칙 칙

校則교칙 : 학생이 지켜야 할 학교의 규칙
原則원칙 : 두루 적용되는 규칙이나 법칙

副 ▶ 버금 부 11획 🔅 으뜸의 바로 다음 버금 부

副本부본 : 원본과 똑같이 만들어 보관하는 서류
副業부업 : 본업 이외의 직업

創 ▶ 비롯할 창 12획 🔅 창작은 칼로 뼈를 깎는듯한 고통이니 비롯할 창

創立창립 : 처음으로 세움
創業창업 : 사업을 시작함

劇 ▶ 연극 극 15획 🔅 호랑이(虎)와 돼지(豕)가 칼(刂)을 들고 싸우니 극적인 연극 극

劇壇극단 : 연극하는 무대
劇本극본 : 각본. 시나리오

결초보은
結草報恩

[뜻] 풀을 묶어 은혜에 보답한다는 뜻으로 죽은 후에도 은혜를 잊지 않고 갚음을 이르는 말이다.

[어휘] 結 : 맺을 결 / 草 : 풀 초 / 報 : 갚을 보 / 恩 : 은혜 은

[어순] 술어(結) + 목적어(草) + 술어(報) + 목적어(恩)

[유래] 춘추시대 때, 춘추오패의 하나인 진(晉)나라에 위무자(魏武子)라는 장군이 있었다. 그에게는 조희(祖姬)라는 애첩이 있었는데, 평소 아들 위과(魏顆)에게 자기가 죽거든 애첩을 좋은 데로 시집보내 주라고 당부하였다. 그러나 병이 악화되어 죽을 때가 되자 마음이 달라졌는지 애첩을 죽여 순장(旬葬)해서 함께 묻어달라고 유언을 남겼다. 그러나 아버지가 죽자 위과는 동생의 반대에도 불구하고 아버지의 유언을 따르지 않고 애첩을 개가시켜주었다.

그 후 진(秦)나라가 진(晉)나라를 침략하여 보씨(輔氏)라는 곳에 군대를 주둔시켰다. 秦의 장수는 두회(杜回)라는 역사(力士)로 맨주먹으로 호랑이를 다섯 마리나 때려죽인 용맹한 천하장사로서 큰 도끼를 잘 썼다. 秦의 공격에 위과의 병사들을 첫 전투에서 크게 패하였다.

진영으로 돌아온 위과는 그날 밤 잠깐 잠이 든 사이에 누군가 '청초파(靑草坡)'라고 하는 말이 귓전에 들려왔다. 꿈의 계시라 여기고 알아보니 주위 십리 근방에 과연 청초파라는 큰 언덕이 있었다. 위과는 곧 진지를 그리로 옮겨서 두회와 접전을 하였다. 위과의 군사들은 계속 불리하였는데, 하늘이 위과를 돕는지 두회가 갑자기 풀에 걸려 넘어지는 바람에 두회를 생포하게 되었다. 전쟁에 이긴 위과는 그날 밤 꿈을 꾸었는데 어느 노인이 나타나서 말했다.

"나는 장군이 개가시켜준 여자의 아비 되는 사람입니다. 장군이 부친의 평소 유언에 따라 제 딸을 순장치 않고 살려주신 은혜에 보답하고자 두회의 발 앞에 풀을 엮어 걸려 넘어지게 하여 장군을 도와 드린 것입니다."

力
힘 력[역] 2획

쟁기, 가래 모양(丿)을 본떠서

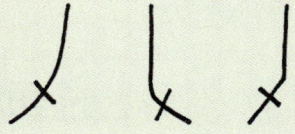

力 ▶

힘 력[역] 2획 　💡 체력은 국력 힘 력

國力국력 : 나라의 힘
力士역사 : 힘이 센 사람

加 ▶

더할 가 5획 　💡 말로 힘을 보태주니 더할 가

加速가속 : 속도를 더함
加重가중 : 더 무거워짐

功 ▶

공 공 5획 　💡 죽을 힘을 다해 공을 세우니 공 공

功過공과 : 공로와 허물
功名공명 : 공을 세워서 드러난 이름

努 ▶

힘쓸 노 7획 　💡 노예(奴)처럼 힘써 일하니 힘쓸 노

努力노력 : 힘을 들이고 애를 씀

助 ▶

도울 조 7획 　💡 힘써 도와주니 도울 조

助力조력 : 힘으로 도와줌
援助원조 : 물질적으로 도와줌

勉 ▶

힘쓸 면 9획 　💡 게으르지 않고 힘쓰니 힘쓸 면

勤勉근면 : 부지런히 일하며 힘씀
勉學면학 : 힘써 공부함

1획

2획

3획

4획

5획

6획

7획

8획

9획

10획

11획

12획

13획

14획

15획

16획

勇 ▶ 용감할 용 9획 🔍 사내가 용기 있고 씩씩하니 용감할 용

勇士용사 : 용맹한 병사
勇斷용단 : 용기 있게 결단함

動 ▶ 움직일 동 11획 🔍 힘으로 밀면 움직이니 움직일 동

運動운동 : 건강을 목적으로 몸을 움직이는 일
動機동기 : 행동의 원인이나 계기

務 ▶ 힘쓸 무 11획 🔍 임무를 다하려고 힘쓰니 힘쓸 무

事務사무 : 행정적으로 문서를 정리하는 일
公務공무 : 국가나 공공 단체의 사무

勞 ▶ 일할 로[노] 12획 🔍 불이 나도록 힘들여 일하니 일할 로

勞苦노고 : 애쓰고 고생함
勞動노동 : 몸을 움직여 일함

勝 ▶ 이길 승 12획 🔍 힘으로 제압하니 이길 승

勝利승리 : 전쟁에 이김
勝敗승패 : 이기고 짐

勤 ▶ 부지런할 근 13획 🔍 힘써 근면하니 부지런할 근

勤儉근검 : 부지런하며 검소하다
勤勞근로 : 힘을 다함

勢 ▶ 기세 세 13획 🔍 힘 있고 기운찬 형세 기세 세

勢力세력 : 남을 누르는 힘
勢道세도 : 정치적 권세

勸 ▶ 권할 권 20획 🔍 남에게 하도록 부추기니 권할 권

勸學권학 : 학문을 권함
勸告권고 : 어떤 일을 하도록 권함

두 손을 벌린 모양(ㅅ)을 본떠서

쌀 포 2획

勹

ㅅ ㄲ ㄱ

勿

말 물 4획　💡 금지를 나타내니 말 물

勿論물론 : 더 말할 것도 없이
莫論막론 : 이것저것 가리고 따져 말하지 아니하고

包

쌀 포 5획　💡 겉을 꾸리고 에워싸니 쌀 포

小包소포 : 조그맣게 포장한 물건
包裝포장 : 물건을 싸서 꾸림

뾰족한 칼 모양(ㅓ)을 본떠서

비수 비 2획

匕

ㅓ ㄴ ㄴ

化

변할 화 4획　💡 사람은 변하니 변할 화

化石화석 : 동식물이 암석 속에 남아 있는 것
進化진화 : 사물이 나은 상태로 변함

北

북녘 북 5획 💡 방위의 북쪽 북녘 북

北方북방 : 북쪽
北向북향 : 북쪽을 향함

감출 혜 2획

대광주리의 모양(﹃)을 본떠서

匹

필 필 4획 💡 말을 세는 단위 필 필

匹夫필부 : 한 사람의 사내
匹馬필마 : 한 필의 말

區

나눌 구 11획 💡 물품(品)의 품질을 구별하니 나눌 구

區內구내 : 어떤 지역의 안
區分구분 : 구별하여 나눔

56

十자 모양(十)을 본떠서

十 열 십 2획

열 십 2획 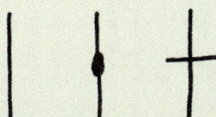 열 번째 숫자 열 십

十進法십진법 : 수를 셀 때에 숫자 0, 1~9를 써서 열씩 모일 때마다 한 자리씩 올려 세는 방법

일천 천 3획 💡 백의 열 배 일천 천

千古천고 : 먼 옛날
千里馬천리마 : 하루에 천 리를 가는 말

낮 오 4획 💡 점심때의 시간 낮 오

午前오전 : 밤 열두 시부터 낮 열두 시까지의 동안
午寢오침 : 낮잠

반 반 5획 💡 하나의 절반 반 반

半世紀반세기 : 50년
半信半疑반신반의 : 반은 믿고 반은 의심함

군사 졸 8획 💡 지휘관 아래 졸병이 열 명 있으니 군사 졸

卒兵졸병 : 병졸
卒業졸업 : 학교의 학업 과정을 마침

탁자 탁 8획 💡 음식을 식탁에 놓으니 탁자 탁

卓上탁상 : 책상 위
食卓식탁 : 음식을 차려놓고 먹는 큰 탁자

1획

2획

3획

4획

5획

6획

7획

8획

9획

10획

11획

12획

13획

14획

15획

16획

協

합할 협 8획   💡 열 사람이 서로 힘껏 도우니 합할 협

協同협동 : 여럿이 일을 함
協助협조 : 힘을 합해 서로 도움

南

남녘 남 9획   💡 방위의 남쪽 남녘 남

南極남극 : 남쪽 끝
南下남하 : 남쪽으로 내려옴

博

넓을 박 12획   💡 열 가지를 두루 알고 있으니 넓을 박

博愛박애 : 모든 사람을 평등하게 사랑함
博覽박람 : 널리 견문함

卜

점 복 2획

뼈가 갈라진 모양(卜)을 본떠서

卜 卜 卜

卜

점 복 2획   💡 점을 치니 점 복

占卜점복 : 점을 쳐서 앞날의 운수나 상황을 미리 알아봄. 또는 그러한 점술(占術)

占

차지할 점 5획   💡 남의 땅을 점령하니 차지할 점

占據점거 : 일정한 곳을 차지하여 자리 잡음
占術점술 : 점치는 술법

꿇어앉은 모양(⺋)을 본떠서

卩
병부 절 2획

위태할 위 6획

危重위중 : 병세가 중태임
危險위험 : 위태하고 험함

도장 인 6획

손가락으로 찍는 도장 인

印章인장 : 도장
印紙인지 : 도장을 찍은 종이

알 란[난] 7획

새, 물고기 등의 알 알 란

鷄卵계란 : 달걀
産卵산란 : 알을 낳음

책 권 8획

여러 권의 책 책 권

卷頭言권두언 : 머리말
卷數권수 : 책의 수효

민엄호/언덕 엄, 한 2획

벼랑의 모양(厂)을 본떠서

두터울 후 9획

💡 날(日)마다 아들(子)에 대한 정이 두터워지니 두터울 후

厚德후덕 : 두터운 덕행
厚謝후사 : 정중히 사례함

근원 원 10획

💡 사물의 기원 근원 원

原告원고 : 소송을 일으킨 사람
原因원인 : 사실의 근본이 되는 까닭

마늘 모 2획

구부러진 모양(ㅁ)을 본떠서

갈 거 5획

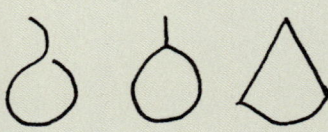
💡 마늘(ㅿ)을 사러 가니 갈 거

去來거래 : 상인간의 매매 행위
除去제거 : 없애버림

参 ▶ 참여할 참 11획 💡사람(人)들이 마늘(厶)까는 대회에 참가하니 참여할 참

參加참가 : 어떤 일에 간여하여 들어감
參政참정 : 정치에 참여함

又 또 우 2획

오른손의 벌린 모양(彐)

反 ▶ 반대 반 4획 💡손(又-手) 바닥을 반대로 뒤집듯 하니 반대 반

反復반복 : 되풀이 함
反應반응 : 자극을 받아 일어나는 현상

友 ▶ 벗 우 4획 💡친구 간의 우애벗 우

友愛우애 : 형제간 또는 친구간의 사랑이나 정
友情우정 : 친구 사이의 정

受 ▶ 받을 수 8획 💡손으로 받으니 받을 수

受講수강 : 강의를 받음
受賞수상 : 상을 받음

叔 ▶ 작은 아버지 숙 8획 💡아버지의 남동생 작은 아버지 숙

叔父숙부 : 아버지의 아우
堂叔당숙 : 아버지의 사촌 형제

1획

2획

3획

4획

5획

6획

7획

8획

9획

10획

11획

12획

13획

14획

15획

16획

取

취할 취 8획

💡 손(又-手)에 넣으니 취할 취

取得취득 : 손에 넣음

取消취소 : 계획이나 일정 등을 없었던 것으로 함

곡학아세
曲學阿世

[뜻] 학문을 왜곡시켜 세상에 아첨한다는 뜻으로 소신을 굽혀 권세에 아부하는 것을 나타내는 말이다.

[어휘] 曲 : 굽을 곡 / 學 : 배울 학 / 阿 : 아첨할 아 / 世 : 세상 세

[어순] 술어(曲) + 목적어(學) + 술어(阿) + 목적어(世)

[유래] 한무제(漢武帝)는 즉위 후 천하의 훌륭한 인재를 널리 등용하였다. 원고(轅固)는 나이 90세였지만 황제의 부름을 받아 출사하였다. 그러나 원고를 시기하는 사이비 학자들은 험담을 늘어놓았다.

"저 늙은이는 쓸모없는 자입니다. 시골에서 손자나 업어주게 놔두십시오."

그러나 황제는 중신들의 험담을 듣지 않고 원고를 등용하였다. 그 때 원고와 함께 젊은 학자인 공손홍(公孫弘)도 등용되었는데 원고가 늙은이라고 무시하는 눈초리로 대했다. 그러나 원고는 개의치 않고 말했다.

"지금 학문의 도가 어지러워지고, 속설이 판을 치고 있네. 그대로 방치한다면 유서 깊은 학문의 전통은 참모습을 잃고 사라지게 될 것이네. 다행히 자네는 젊고 학문을 좋아하는 선비라고 들었네. 부디 학문을 올바로 닦아 세상에 펴주게. 결코 자신의 학문을 굽히고, 세상의 속물들에게 아부하면 안 될 것이네."

이 말을 들은 공손홍은 원고의 훌륭한 인격에 감동하여 부끄럽게 생각하고 자신의 무례를 사과하고 그의 제자가 되었다. 또 한 번은 황제의 어머니 태후가 '노자(老子)'를 좋아했는데, 어느 날 원고를 불러들여 놓고 노자가 어떠하냐고 물었다. 원고는 평소의 신념대로 말했다.

"노자는 보잘 것 없는 놈입니다. 모두 허위에 찬 말입니다."

이 말을 들은 태후는 몹시 화가 나서 원고를 하옥시켜 날마다 돼지를 잡게 하는 벌을 내렸다고 전한다.

입 구 3획

입의 모양 (ㅂ)을 본떠서

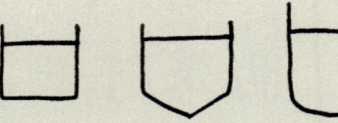

입 구 3획　🔅 입모양이 네모네, 입 구

口頭구두 : 직접 입으로 하는 말
口傳구전 : 입에서 입으로 전함

옳을 가 5획　🔅 옳으면 허가해주니 옳을 가

可觀가관 : 볼 만함
可望가망 : 가능성이 있는 희망

옛 고 5획　🔅 옛 것이 열(十) 사람의 입(口)을 통해 내려오니 옛 고

古今고금 : 옛날과 지금
古典고전 : 고대의 서적

글귀 구 5획　🔅 글귀는 입에서 나온 말이니 글귀 구

句節구절 : 구와 절
語句어구 : 말의 마디나 구절

역사 사 5획　🔅 역사는 사람(人)들의 입(口)으로도 전해지니 역사 사

史官사관 : 역사의 초고를 작성하는 일을 맡아보던 관직
歷史역사 : 인류 사회의 변천 기록

오른쪽 우 5획　🔅 왼쪽의 반대는 오른쪽 우

右派우파 : 우익. 보수파를 이르는 말
右往左往우왕좌왕 : 어쩔 바를 모르는 모양

 각각 각 6획 　💡각각 따로따로 각각 각

各界각계 : 사회의 각 방면
各種각종 : 여러 가지

 길할 길 6획 　💡선비가 좋은 말만을 하니 길할 길

吉日길일 : 좋은 날
吉凶길흉 : 운이 좋고 나쁨

 한 가지 동 6획 　💡모두 똑같으니 한 가지 동

同甲동갑 : 같은 나이
同族동족 : 같은 겨레

 이름 명 6획 　💡밤에 이름을 지으니 이름 명

名目명목 : 구실이나 이유
名聲명성 : 명예

 합할 합 6획 　💡사람들이 합심을 하니 합할 합

合計합계 : 한데 더해서 계산함
合致합치 : 서로 일치함

 향할 향 6획 　💡향하는 방향 향할 향

向上향상 : 위로 오름
向後향후 : 이제부터. 금후

 알릴 고 7획 　💡소(牜-牛)가 입(口)으로 음메하며 알리니 알릴 고

告發고발 : 경찰서에 신고하여 수사나 기소를 요구함
報告보고 : 일의 내용을 말이나 글로 알림

君 임금 군 7획 　💡한 나라의 왕 임금 군

君主군주 : 임금
君臣군신 : 임금과 신하

1획

2획

3획

4획

5획

6획

7획

8획

9획

10획

11획

12획

13획

14획

15획

16획

否 ▶
아닐 부 7획   💡입으로 아니라고 부인하니 아닐 부

否決부결 : 안건을 승인하지 않기로 결정함
否定부정 : 아니라고 함

吸 ▶
숨 들이쉴 흡 7획   💡숨은 입으로 쉬니 숨 들이쉴 흡

呼吸호흡 : 숨을 내쉬거나 들이쉼
吸收흡수 : 빨아들임

命 ▶
명령할 명 8획   💡큰 소리(口)로 명령(令)을 하니 명령할 명

命脈명맥 : 목숨 또는 생명
命名명명 : 사물의 이름을 지음

味 ▶
맛 미 8획   💡맛은 입으로 느끼니 맛 미

味覺미각 : 맛을 아는 감각
意味의미 : 어떤 말이 나타내고 있는 내용

周 ▶
두루 주 8획   💡어느 곳이나 골고루 미치니 두루 주

周邊주변 : 주위의 가장자리
周圍주위 : 둘레

呼 ▶
부를 호 8획   💡입으로 부르니 부를 호

呼名호명 : 이름을 부름
呼稱호칭 : 이름을 지어 부름

和 ▶
화할 화 8획   💡화목하게 쌀(禾)밥을 먹으니(口) 화할 화

和解화해 : 싸움을 그만두고 불화를 풂
平和평화 : 평온하고 화목함

品 ▶
물건 품 9획   💡입으로 각각 제품의 품질을 품평하니 물건 품

品格품격 : 품성과 인격
品質품질 : 물건의 성질과 바탕

 員

수효 원 10획 💡 인원수를 세는 단위 수효 원

人員인원 : 단체를 이루고 있는 사람들
定員정원 : 일정하게 정해진 구성원 수

 問

물을 문 11획 💡 문으로 들어가 안부를 물으니 물을 문

問責문책 : 일의 잘못을 물어 책망함
問候문후 : 어른에게 안부를 물음

商

헤아릴 상 11획 💡 남의 속셈을 헤아리는 상술 헤아릴 상

商議상의 : 서로 의논함
商術상술 : 장사 솜씨

 唱

노래 부를 창 11획 💡 노래는 입으로 부르니 노래 부를 창

提唱제창 : 의견을 맨 처음 내놓아 주장함
主唱주창 : 이론이나 사상을 나서서 주장함

 單

홑 단 12획 💡 간단하게 하나뿐이니 홑 단

單純단순 : 복잡하지 아니함
單調단조 : 단순하고 변화가 없어 싱거움

 善

착할 선 12획 💡 양처럼 순하니 착할 선

善導선도 : 바른 길로 이끎
善處선처 : 잘 처리함

喜

기쁠 희 12획 💡 길한(吉) 소식에 기뻐하니 기쁠 희

喜劇희극 : 익살과 풍자가 섞인 연극
喜悲희비 : 기쁨과 슬픔

 器

그릇 기 16획 💡 많은 사람이 먹을(口) 음식이 담긴 그릇이니 그릇 기

器量기량 : 재능
器樂기악 : 악기만으로 연주하는 음악

豆

사람의 머리(頁) 부분은 콩(효) 처럼 둥그니

頭腦(두뇌) 頭痛(두통)
斷頭臺(단두대) 饅頭(만두)
魚頭肉尾(어두육미)

頭
머리 두

豆
콩 두

豊
풍성할 풍

短
짧을 단

제사용 그릇(효)을 가리키는 글자이지만 그 안에 콩을 담았으므로 후에 콩(효)의 뜻으로 쓰였음.

豆腐(두부) 豆乳(두유)
綠豆(녹두) 豌豆(완두)
大豆(대두)

화살(矢)촉이 콩(효)알만 큼 짧으니

短身(단신) 短劍(단검)
長短(장단) 短點(단점)
短距離(단거리)

풍년으로 콩(효)이 가득 하니

豊年(풍년) 豊滿(풍만)
豊盛(풍성) 豊作(풍작)
豊富(풍부)

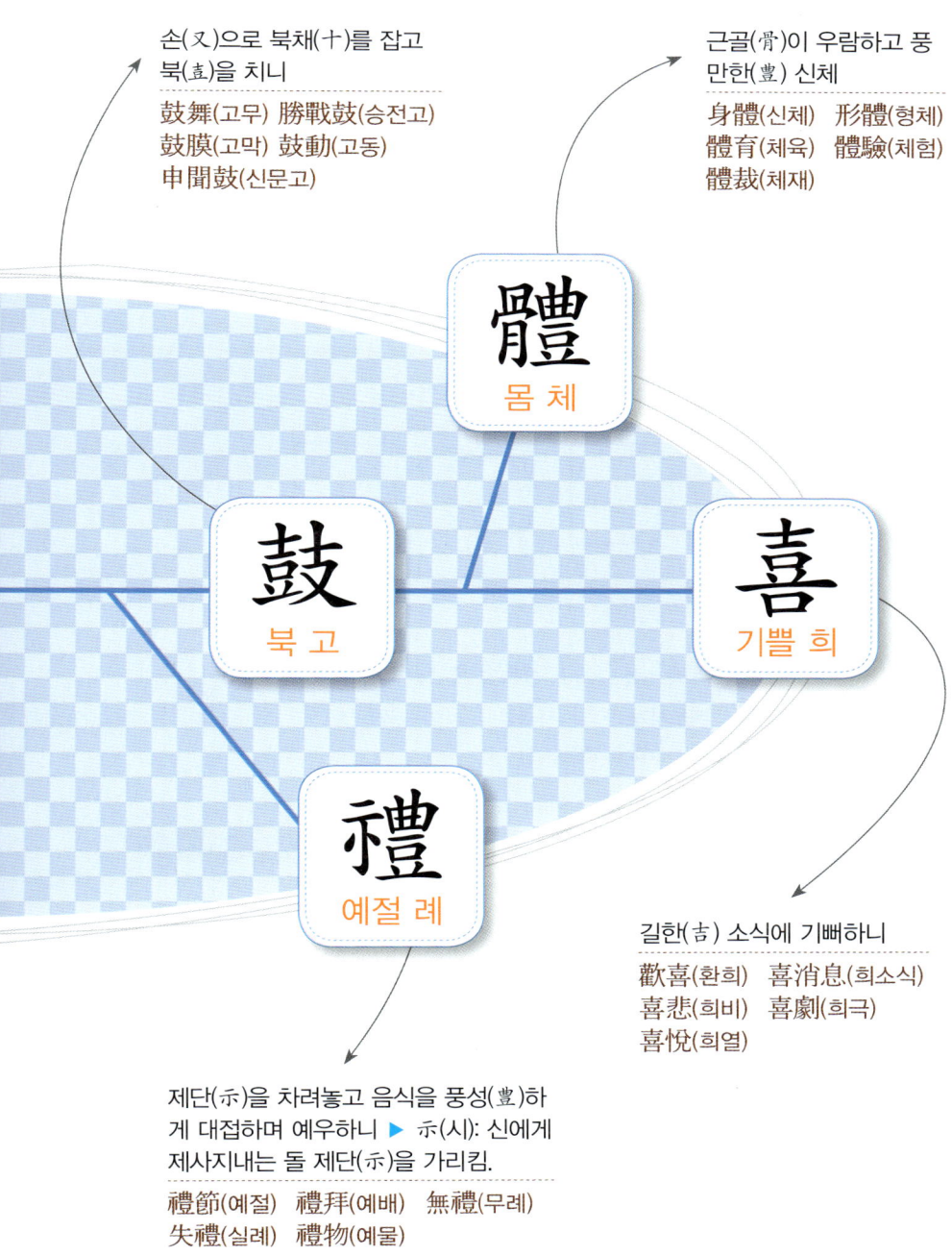

손(又)으로 북채(十)를 잡고
북(壴)을 치니

鼓舞(고무) 勝戰鼓(승전고)
鼓膜(고막) 鼓動(고동)
申聞鼓(신문고)

근골(骨)이 우람하고 풍
만한(豊) 신체

身體(신체) 形體(형체)
體育(체육) 體驗(체험)
體裁(체재)

體
몸 체

鼓
북 고

喜
기쁠 희

禮
예절 례

길한(吉) 소식에 기뻐하니

歡喜(환희) 喜消息(희소식)
喜悲(희비) 喜劇(희극)
喜悅(희열)

제단(示)을 차려놓고 음식을 풍성(豊)하
게 대접하며 예우하니 ▶ 示(시): 신에게
제사지내는 돌 제단(示)을 가리킴.

禮節(예절) 禮拜(예배) 無禮(무례)
失禮(실례) 禮物(예물)

嚴

엄할 엄 20획　💡 엄명을 용감히(敢) 받으니 엄할 엄

嚴格엄격 : 언행의 흐트러짐이 없이 바름

嚴選엄선 : 엄정하게 뽑음

口

큰입 구 3획

빙 둘러싸여있는 모양 (□)

四

넉 사 5획　💡 사방은 네 방향이니 넉 사

四季사계 : 사철. 사계절

四面사면 : 사방. 주위

因

말미암을 인 6획　💡 원인에는 결과가 따르니 말미암을 인

因果인과 : 원인과 결과

因緣인연 : 연분

回

돌 회 6획　💡 제자리로 다시 돌아오니 돌 회

回轉회전 : 빙빙 돌다

回避회피 : 피함. 벗어남

困

괴로울 곤 7획　💡 좁은 공간(口)에서 나무(木)가 자라기 괴로우니 괴로울 곤

困境곤경 : 곤란한 처지

困窮곤궁 : 몹시 곤란함

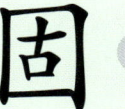

굳을 고 8획　💡 오랫동안 가둬두면(口) 굳게 되니 굳을 고

固有고유 : 본래부터 가지고 있음
堅固견고 : 굳고 단단하다

나라 국 11획　💡 국보는 나라의 보물 나라 국

國寶국보 : 중요 문화재인 나라의 보배
國政국정 : 나라의 정사

둘레 위 12획　💡 둘레를 빙 에워싸으니 둘레 위

範圍범위 : 포괄하는 구역의 언저리
包圍포위 : 둘레를 빙 둘러서 쌈

둥글 원 13획　💡 둥글둥글 원만하니 둥글 원

圓滿원만 : 모난데 없이 온화함
圓卓원탁 : 둥근 탁자

동산 원 13획　💡 동물원은 공원에 있으니 동산 원

園藝원예 : 과일 등을 재배하거나 정원을 가꾸는 일
公園공원 : 사람들이 쉬거나 놀이를 즐길 수 있는 정원

둥글 단 14획　💡 둥글게 뭉쳐 단결하니 둥글 단

團束단속 : 규칙 등을 어기지 않게 통제함
劇團극단 : 연극을 상연하기 위해 조직된 단체

그림 도 14획　💡 도화지에 그림을 그리니 그림 도

圖案도안 : 디자인
圖解도해 : 그림으로 풀이함

아래는 땅, 위는 흙덩어리의 형상 (⊥)

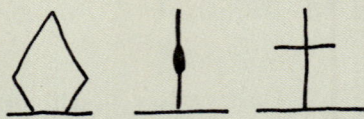

土 흙 토 3획

흙 토 3획 💡 토지는 흙이니 흙 토

土俗토속 : 그 지방의 풍습
土着토착 : 대를 이어 그 땅에서 살고 있음

在

있을 재 6획 💡 흙(土)은 어느 곳에나 존재하니 있을 재

現在현재 : 지금
在職재직 : 직무를 맡고 있음

地

땅 지 6획 💡 땅은 흙이니 땅 지

地境지경 : 처지. 형편
地域지역 : 땅의 구역

均

고를 균 7획 💡 땅은 평평하고 고르니 고를 균

均等균등 : 차이가 없이 평등함
平均평균 : 질이나 양 등을 고르게 한 것

城

성 성 10획 💡 성은 흙(土)으로 쌓으니 성 성

都城도성 : 수도. 서울
築城축성 : 성을 쌓아올림

堅

굳을 견 11획 💡 신하(臣)들이 손(又-手)을 들고 땅(土)에 엎드려 굳게 맹세하니 굳을 견

堅固견고 : 굳고 단단함
堅持견지 : 굳게 지님

基 ▶ 터 기 11획　🔆 그(其) 땅(土)에 기초를 닦으니 터 기

基本기본 : 사물의 가장 중요한 밑바탕
基準기준 : 기본이 되는 표준

堂 ▶ 집 당 11획　🔆 집은 땅 위에 지으니 집 당

威風堂堂위풍당당 : 남을 압도할 정도로 위풍이 대단함
講堂강당 : 강연, 행사를 치르는 건물

域 ▶ 지경 역 11획　🔆 구획 진 땅 지경 역

區域구역 : 갈라놓은 경계 안의 지역
領域영역 : 관계되는 분야나 범위

報 ▶ 갚을 보 12획　🔆 은혜를 다행히(幸) 갚으니 갚을 보

報復보복 : 앙갚음
報答보답 : 남의 호의나 은혜를 갚음

場 ▶ 마당 장 12획　🔆 집 둘레의 평평한 땅 마당 장

現場현장 : 어떤 일이 실제로 일어난 곳
場所장소 : 곳

境 ▶ 지경 경 14획　🔆 나라 말 소리(音)가 끝나는 땅(土) 경계 지경 경

境界경계 : 두 지역 사이에 구별되는 한계
境遇경우 : 처지. 형편

墓 ▶ 무덤 묘 14획　🔆 흙(土)을 쌓아 무덤을 크게(莫) 만드니 무덤 묘

墓碑묘비 : 무덤 앞에 세우는 비석
墓地묘지 : 묘소로 쓰는 땅

增 ▶ 불어날 증 15획　🔆 땅(土)이 전(曾)보다 늘어나니 불어날 증

增強증강 : 늘리어 강하게 함
增築증축 : 건축물을 더 늘려 지음

壇

단 단 16획 💡 땅에 제단을 세우니 단 단

文壇문단 : 문인들의 사회
劇壇극단 : 연극의 무대. 연극계

壁

벽 벽 16획 💡 땅 위에 담을 쌓으니 벽 벽

城壁성벽 : 성의 담벼락
壁畫벽화 : 벽에 그린 그림

壓

누를 압 17획 💡 땅(土)바닥에서 짖는 개(犬)를 눌러서 제압하니 누를 압

壓力압력 : 억압하는 힘
壓縮압축 : 내용을 요약하여 줄임

선비 사 3획

젊은 남자를 가리킴 (士)

士

선비 사 3획 💡 사기는 선비의 기개 선비 사

士氣사기 : 굽힐 줄 모르는 씩씩한 기세
名士명사 : 세상에 널리 알려진 사람

壯

씩씩할 장 7획 💡 장사는 씩씩하니 씩씩할 장

壯觀장관 : 굉장하고 볼만한 광경
壯烈장렬 : 장하고 세참

夂
천천히 걸을 쇠 3획

발가락의 모양(夂)을 본떠서

夏 ▶

여름 하 10획 🔅 여름엔 하복을 입으니 여름 하

夏服하복 : 여름철에 입는 옷
夏至하지 : 일 년 중 해가 가장 긴 날

夕
저녁 석 3획

초승달 모양(☽)을 본떠서

 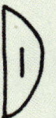 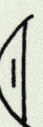

夕 ▶

저녁 석 3획 🔅 초승달을 본뜬 글자 저녁 석

夕陽석양 : 저녁 해
朝夕조석 : 아침과 저녁

外 ▶

밖 외 5획 🔅 겉으로 드러난 표면밖 외

外交외교 : 국가 간의 교섭
外出외출 : 집밖으로 나감

多

많을 다 6획　🔅 저녁(夕)엔 별도 많으니 많을 다

多樣다양 : 여러 가지
多幸다행 : 운수가 좋음

夜

밤 야 8획　🔅 저녁이 점점 어두워지니 밤 야

夜勤야근 : 야간 근무
深夜심야 : 깊은 밤

큰 대 3획

성인 남자의 모양(大)을 본떠서

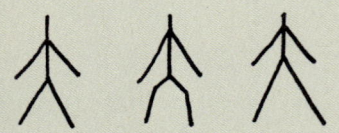

大

큰 대 3획　🔅 남자가 팔다리를 크게 벌린 모습 큰 대

大略대략 : 대개. 대강
大勢대세 : 세상 돌아가는 형세

夫

지아비 부 4획　🔅 하늘(天)보다 높은 지아비 부

夫婦부부 : 남편과 아내
夫君부군 : 남편의 경칭

天

하늘 천 4획　🔅 지평선(一) 위 하늘은 가장 크니(大) 하늘 천

天性천성 : 타고난 성질
天職천직 : 하늘이 준 직무

1획
2획
3획
4획
5획
6획
7획
8획
9획
10획
11획
12획
13획
14획
15획
16획

太 ▶

클 태 4획　🔅 **태양은 크니 클 태**

太初태초 : 천지가 개벽하기 전
太極태극 : 음양 두 원기의 근원

失 ▶

잃을 실 5획　🔅 **큰(大) 손실을 봐서 잃으니 잃을 실**

失格실격 : 자격을 잃음
失效실효 : 효력을 잃음

奇 ▶

기이할 기 8획　🔅 **너무 커서 기형이니 기이할 기**

新奇신기 : 새롭고 기이하다
奇想天外기상천외 : 아주 기발한 생각

奉 ▶

받들 봉 8획　🔅 **웃어른 세(三) 분을 봉양하니 받들 봉**

奉仕봉사 : 남을 위해 애씀
奉養봉양 : 부모를 받들어 섬김

獎 ▶

장려할 장 14획　🔅 **큰(大) 장군(將)이 되라고 권하니 장려할 장**

獎學金장학금 : 장학 자금
勸獎권장 : 권하여 장려함

女 계집 녀 3획

무릎을 꿇은 여자의 모습 (😊)

女 ▶

계집 여[녀] 3획 　💡 여자는 계집이니 계집 녀

女優여우 : 여자 배우
女傑여걸 : 걸출한 여자

如 ▶

같을 여 6획 　💡 여자(女)같이 부드럽게 말하니(口) 같을 여

缺如결여 : 모자라거나 빠져서 없음
如意여의 : 마음대로 됨

好 ▶

좋을 호 6획 　💡 여자와 남자가 어울려 좋아하니 좋을 호

好感호감 : 좋은 느낌
好況호황 : 경기가 좋음

妙 ▶

묘할 묘 7획 　💡 묘령의 젊은(少) 여자(女)이니 묘할 묘

妙技묘기 : 교묘한 기술
妙藥묘약 : 썩 잘 듣는 약

妨 ▶

방해할 방 7획 　💡 여자(女)가 가는 방향(方)을 방해하니 방해할 방

妨害방해 : 훼방을 놓아 해를 끼침
無妨무방 : 거리낄 것이 없이 괜찮음

妹 ▶

누이 매 8획 　💡 아직(未) 미혼인 손아래 여(女)동생 누이 매

妹夫매부 : 누이의 남편
妹弟매제 : 손아래 누이의 남편

姓 ▶

성 성 8획　💡 여자가 자식을 낳으면 남자의 성을 따르니 성 성

姓名성명 : 성과 이름
百姓백성 : 국민

始 ▶

처음 시 8획　💡 처음 시작하니 처음 시

始終시종 : 처음과 끝
始初시초 : 처음

委 ▶

맡길 위 8획　💡 벼(禾) 찧는 일을 여자(女)에게 맡기니 맡길 위

委員위원 : 직무를 위촉받은 사람
委任위임 : 어떤 일을 맡겨 행사하게 함

姉 ▶

손윗누이 자 8획　💡 자매 중 연상의 여자 손윗누이 자

姉妹자매 : 여자 형제
姉兄자형 : 손위 누이의 남편

威 ▶

위엄 위 9획　💡 여자(女) 앞에서 창(戈)을 들고 위세를 떠니 위엄 위

威嚴위엄 : 위세가 있고 엄숙함
國威국위 : 나라의 권위나 위력

姿 ▶

맵시 자 9획　💡 여자(女)들이 차례(次)로 맵시를 뽐내니 맵시 자

姿勢자세 : 몸의 태도
姿態자태 : 몸가짐과 맵시

婦 ▶

며느리 부 11획　💡 며느리(女)가 빗자루(帚)를 들고 청소하니 며느리 부

新婦신부 : 결혼하는 여자
婦德부덕 : 여자로서의 덕행

婚 ▶

혼인할 혼 11획　💡 여자가 혼기가 차니 혼인할 혼

婚禮혼례 : 혼인의 의례
婚處혼처 : 혼인 상대

관포지교
管鮑之交

[뜻] 관중(管仲)과 포숙아(鮑淑牙) 사이와 같은 사귐이란 뜻으로, 시세(時勢)를 떠나 친구를 위하는 두터운 우정을 일컫는 말이다.

[어휘] 管 : 대롱 관 / 鮑 : 절인 고기 포 / 之 : 갈 지(…의) / 交 : 사귈 교

[어순] 수식어(管鮑) + 어조사(之) + 피수식어(交)

[유래] 춘추시대 때, 제(齊)나라의 관중(管仲)과 포숙아(鮑叔牙)는 어렸을 때 죽마고우였지만, 훗날 서로 다른 주군을 섬기고 있어서 둘은 정적 관계였다. 결국 정권 쟁탈은 포숙아의 주군인 소백(小白−제의 환공)의 승리로 돌아갔다. 소백은 자기에게 활을 쏜 관중을 죽이려 하자 포숙아는 관중을 용서하고 기용하라는 진언을 하였다.

"전하, 만일 이 나라만을 다스리신다면 신(臣) 포숙아로도 가능할 것입니다. 그러나 천하를 호령하며 군림하시려면 관중의 정략이 꼭 필요하실 겁니다. 부디 중용하시기 바랍니다."

워낙 배포가 크고 인재를 아끼는 환공이었기에 관중을 중용하여 제나라의 국정을 맡겼다. 관중은 죽음을 모면하고 한 나라의 재상이 되게 해주고 자신의 이상을 한없이 펼치게 해준 포숙아의 진정한 우정에 감사하는 마음을 나타낸 다음과 같은 이야기를 남겼다.

"옛날 포숙아와 함께 장사를 할 때 내가 늘 이익을 많이 챙겼지만, 내가 집안이 가난하다는 것을 알고 날 이해해주었다. 사업상 그를 어렵게 했을 때에도 나를 나무라지 않았다. 사업의 승패는 늘 돌고 돈다는 이치를 알고 있었기 때문이다. 또 내가 벼슬길이 순탄치 않아 종종 사직했지만 날 무능력자라고 헐뜯지 않았는데, 내가 운이 없었을 뿐이라고 나의 불운한 처지를 안타깝게 봐줬기 때문이다. 그리고 전쟁터에서도 여러 번 도망쳤었지만 나를 꾸짖지 않았다. 나한테 봉양해야할 병드신 노모가 계시다는 것을 감안해 줬기 때문이다. 이 세상에서 나를 낳아준 이는 부모이지만, 나를 알아주고 진정 이해해준 이는 바로 포숙아이다."

子 아들 자 3획

갓난아이의 모양(♀)을 본떠서

♀ ♀ ♀

아들 자 3획　💡 갓난아기의 모양 아들 자

子孫자손 : 후손
子息자식 : 자녀

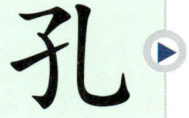

구멍 공 4획　💡 새(乙, 을)가 사는 나무의 구멍이니 구멍 공

毛孔모공 : 털구멍
孔子공자 : 유교의 교조(敎祖)

글자 자 6획　💡 자녀(子)가 집(宀)에서 글을 익히니 글자 자

字源자원 : 한자가 구성된 밑뿌리
字音자음 : 글자의 음

있을 존 6획　💡 애가 아직 살아있으니 있을 존

存亡존망 : 생존과 멸망
存續존속 : 없어지지 않고 계속해서 존재함

효도 효 7획　💡 자녀가 효성이 지극하니 효도 효

孝道효도 : 어버이를 잘 받드는 도리
孝婦효부 : 시부모를 잘 섬기는 며느리

계절 계 8획　💡 자식(子)같은 벼(禾)가 익는 계절 계

季節계절 : 사철
冬季동계 : 겨울철

孤 ▶ 외로울 고 8획　💡 애가 고아이니 외로울 고
孤獨고독 : 외로움
孤兒고아 : 어버이를 잃은 아이

孫 ▶ 손자 손 10획　💡 아들(子)의 대를 이은(系) 아들 손자 손
孫子손자 : 자녀의 아들
外孫외손 : 딸이 낳은 자식

學 ▶ 배울 학 16획　💡 자녀가 학문을 배우니 배울 학
學歷학력 : 공교육 기관에서 수학한 이력
學園학원 : 학교

갓머리/집 면 3획

움막집의 모양(个)을 본떠서

守 ▶ 지킬 수 6획　💡 집에서 수비만 하니 지킬 수
守護수호 : 안전하게 지켜 보호함
固守고수 : 굳게 지킴

安 ▶ 편안할 안 6획　💡 집(宀)에 여자(女)가 있으면 편안하니 편안할 안
安樂안락 : 편안하고 즐거움
安靜안정 : 평온하고 조용함

1획
2획
3획
4획
5획
6획
7획
8획
9획
10획
11획
12획
13획
14획
15획
16획

宅 ▶

집 택 6획　💡 사람이 사는 집이니 집택

宅地택지 : 가옥의 대지
住宅주택 : 사람들이 거주하는 집

完 ▶

완전할 완 7획　💡 집을 완전하게 지으니 완전할 완

完備완비 : 완전히 갖추어짐
完快완쾌 : 병이 완전히 나음

官 ▶

벼슬 관 8획　💡 관청에서 관리를 하니 벼슬 관

官權관권 : 정부의 권력
官廳관청 : 국가 사무를 맡아보는 기관

定 ▶

정할 정 8획　💡 한 집에 정착하기로 결정하니 정할 정

定價정가 : 정해진 값
定額정액 : 정해진 금액

宗 ▶

마루 종 8획　💡 집 마루(宀)에 신(示-제단)을 모시니 마루 종

宗敎종교 : 신앙
宗親종친 : 친족

客 ▶

손 객 9획　💡 집에 손님이 오니 손 객

客觀객관 : 제삼자의 입장에서 사물을 봄
客席객석 : 손님이 앉는 자리

宣 ▶

펼 선 9획　💡 선전하여 널리 알리니 펼 선

宣傳선전 : 주장이나 사물 등을 널리 전하거나 알림
宣布선포 : 널리 펴 알림

室 ▶

방 실 9획　💡 집 안에 방이 있으니 방 실

溫室온실 : 난방 장치를 한 방
寢室침실 : 잠을 자는 방

1획

2획

3획

4획

5획

6획

7획

8획

9획

10획

11획

12획

13획

14획

15획

16획

家 ▶ 집 가 10획　💡 집에 돼지를 키우니 집 가

家寶가보 : 대대로 내려오는 집안의 보물

家訓가훈 : 조상이 자손에게 남긴 교훈

宮 ▶ 궁궐 궁 10획　💡 궁에는 궁녀가 많으니 궁궐 궁

宮女궁녀 : 나인

後宮후궁 : 제왕(帝王)의 첩

容 ▶ 받아들일 용 10획　💡 다 받아들이고 용서해주니 받아들일 용

容納용납 : 요청을 받아들임

容易용이 : 쉽다

害 ▶ 해칠 해 10획　💡 집에 해충이 들어오니 해칠 해

害毒해독 : 해와 독

害蟲해충 : 농작물에 해를 끼치는 벌레

寄 ▶ 부칠 기 11획　💡 집(宀)에 신기한(奇) 것을 부치니 부칠 기

寄宿기숙 : 학교 등의 기숙사에서 기거함

寄與기여 : 이바지함

密 ▶ 빽빽할 밀 11획　💡 산(山)에 집(宀)들이 빽빽하게 있으니 빽빽할 밀

密賣밀매 : 불법으로 몰래 팖

密會밀회 : 몰래 회합함

宿 ▶ 묵을 숙 11획　💡 사람(亻) 백(百) 명이 묵을 수 있는 집(宀) 묵을 숙

宿願숙원 : 전부터의 소원

宿敵숙적 : 여러 해 전부터의 적수

富 ▶ 부자 부 12획　💡 집(宀)에 논밭(田)이 넉넉하니 부자 부

豊富풍부 : 넉넉하고 많음

貧富빈부 : 가난함과 부유함

찰 한 12획　🔅 집안이 얼음처럼 차니 찰 한

貧寒빈한 : 가난하고 쓸쓸함
寒氣한기 : 추위

열매 실 14획　🔅 집(宀)에 패물(貝)들이 열매처럼 주렁주렁 하니 열매 실

結實결실 : 노력이나 수고로 이루어진 보람 있는 성과
眞實진실 : 거짓이 없이 바르고 참됨

살필 찰 14획　🔅 제사(祭) 지낼 때 음식이 정결한지 살피니 살필 찰

觀察관찰 : 사물의 현상을 주의하여 잘 살펴봄
洞察통찰 : 예리한 관찰력으로 전체를 환히 꿰뚫어 봄

잠잘 침 14획　🔅 집에서 침대에서 자니 잠잘 침

就寢취침 : 잠자리에 듦
寢室침실 : 잠자는 방

그릴 사 15획　🔅 사진을 그대로 그려보니 그릴 사

複寫복사 : 문서를 종이 위에 그대로 찍어 냄
寫本사본 : 베낀 문서나 책

보배 보 20획　🔅 집(宀)에 보배(貝)가 가득하니 보배 보

寶庫보고 : 보물 창고
寶座보좌 : 왕좌　　☞ 寶의 약자는 宝임.

손목 부분의 모양(⼨)을 본떠서

마디 촌 3획 💡 **손가락의 너비 마디 촌**

寸刻촌각 : 아주 짧은 시간
寸劇촌극 : 토막극

절 사 6획 💡 **부처님을 모신 곳 절 사**

寺院사원 : 절
佛國寺불국사 : 경북 경주시 토함산(吐含山)에 있는 절

쏠 사 10획 💡 **손(寸=手)으로 화살이나 총을 쏘니 쏠 사**

射擊사격 : 총이나 활로 쏨
射殺사살 : 쏘아 죽임

장차 장 11획 💡 **장래의 희망은 장군 장차 장**

將來장래 : 앞으로
將軍장군 : 군대를 지휘하는 무관

오로지 전 11획 💡 **오직 외곬으로 파니 오로지 전**

專攻전공 : 어떤 분야를 전문적으로 연구함
專念전념 : 한 가지 일에만 마음을 쏟음

높을 존 12획 💡 **두목(酋, 추)은 높은 자리니 높을 존**

尊敬존경 : 받들어 공경함　☞ 추장(酋長) : 야만종족의 우두머리
尊稱존칭 : 공경하는 뜻으로 높여 부르는 말

대답할 대 14획 🔍 물음에 응대하여 대답하니 대답할 대

對決대결 : 양자가 맞서서 우열을 결정함
對敵대적 : 적과 맞섬

이끌 도 16획 🔍 길(道)을 손(寸 - 手)가락으로 가리키니 이끌 도

引導인도 : 안내하거나 이끌어 줌
善導선도 : 올바른 길로 이끎

작을 소 3획

모래 알갱이 모양(川)을 본떠서

ノ丨丨丨丨小

작을 소 3획 🔍 모래 알갱이처럼 작으니 작을 소

弱小약소 : 약하고 작음
小路소로 : 작은 길

적을 소 4획 🔍 수량이 적으니 적을 소

少年소년 : 나이 어린 사람
少額소액 : 적은 액수

少

눈(目)을 가늘게(少) 뜨고
자세히 살피니

反省(반성) 省察(성찰)
人事不省(인사불성)
省墓(성묘) 自省(자성)

省
살필 성

少
적을 소

妙
묘할 묘

賓
손 빈

작은(小) 것을 끊어버려
서(丿) 더 적어지니

少女(소녀) 少年(소년)
減少(감소) 多少(다소)
少量(소량)

나이가 어리고 젊은(少)
여자(女)는 예쁘니

妙齡(묘령) 神妙(신묘)
絕妙(절묘) 奇妙(기묘)
妙藥(묘약)

초대받은 손님은 적은
(少) 선물(貝-재물)이라
도 갖고 가니

來賓(내빈) 貴賓(귀빈)
國賓(국빈) 賓客(빈객)
迎賓館(영빈관)

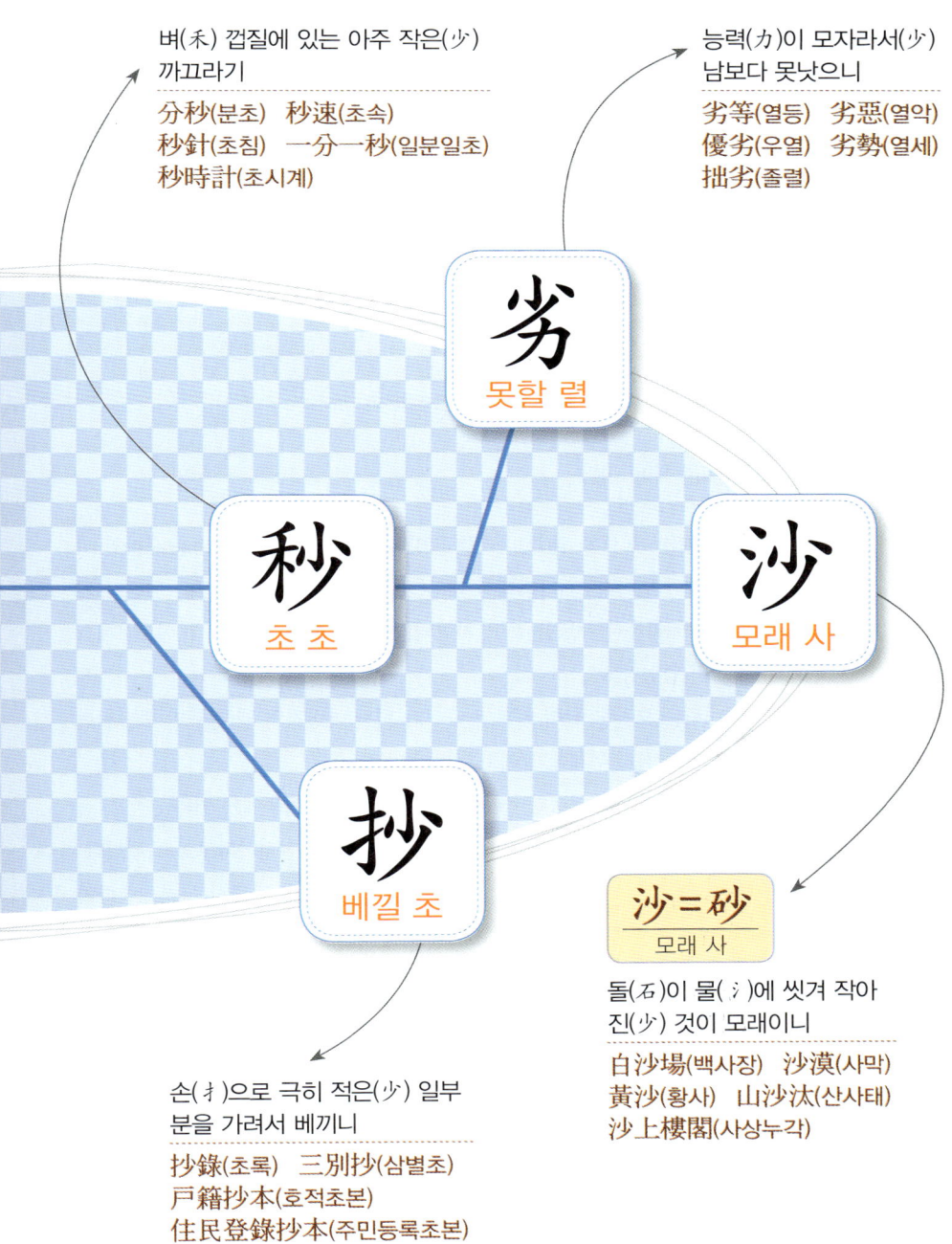

벼(禾) 껍질에 있는 아주 작은(少) 까끄라기

分秒(분초) 秒速(초속)
秒針(초침) 一分一秒(일분일초)
秒時計(초시계)

능력(力)이 모자라서(少) 남보다 못낫으니

劣等(열등) 劣惡(열악)
優劣(우열) 劣勢(열세)
拙劣(졸렬)

秒
초 초

劣
못할 렬

沙
모래 사

抄
베낄 초

沙＝砂
모래 사

돌(石)이 물(氵)에 씻겨 작아 진(少) 것이 모래이니

白沙場(백사장) 沙漠(사막)
黃沙(황사) 山沙汰(산사태)
沙上樓閣(사상누각)

손(扌)으로 극히 적은(少) 일부 분을 가려서 베끼니

抄錄(초록) 三別抄(삼별초)
戶籍抄本(호적초본)
住民登錄抄本(주민등록초본)

89

군계일학
群鷄一鶴

[뜻] 닭의 무리 사이에 있는 한 마리의 학이란 뜻으로, 여러 사람들 중에서 유독 뛰어난 사람을 가리키는 말이다.

[어휘] 群 : 무리 군 / 鷄 : 닭 계 / 一 : 한 일 / 鶴 : 학 학

[어순] 수식어(群鷄) + 피수식어(一鶴)

[유래] 삼국시대의 조조(曹操)가 세운 위(魏)나라를 멸망시키고 진(晉)나라를 세운 사마염(司馬炎)인 진무제 때의 일이다. 위나라에서 대부(大夫)를 지내던 혜강(嵇康, 위진시대, 죽림칠현의 하나)이 억울한 누명을 쓰고 처형되었다. 당시 혜강에게는 10살 된 혜소(嵇紹)라는 아들이 있었다.

　　혜소가 홀어머니를 모시고 살며 약관의 나이가 되자 아버지의 옛 친구인 죽림칠현 중의 한 명인 산도(山濤)가 무제에게 혜소를 천거하였다.

　　"폐하, 혜소는 혜강의 자식입니다. 옛부터 아버지의 죄는 아들에게 연좌(連坐)되지 않는 법입니다. 혜소는 춘추시대 때 진(晉)나라의 대부보다 현명하다고 사료됩니다. 부디 비서랑(秘書郞)으로 기용하셔서 국가의 동량을 삼으소서. 반드시 분골쇄신하여 폐하의 하해와 같은 은혜에 보답할 것입니다."

　　"경이 그토록 자신 있게 천거하시니 재상을 시켜도 괜찮을 거요."

　　황제는 혜소를 비서랑보다 한 자리 위인 비서승(秘書丞)에 임명하였다. 혜소가 입조(入朝)한 다음 날 어떤 이가 죽림칠현 중의 한 사람인 왕융(王戎)에게 말했다.

　　"어제 여러 사람들 중에서 아주 뛰어난 인재를 보았습니다. 기상이 늠름하여 마치 고결한 학 한 마리(一鶴)가 닭 무리(群鷄) 속에 서 있는 듯 하였는데, 그가 바로 혜소였습니다."

　　이 말을 들은 왕융은 말했다.

　　"그대가 만일 혜소의 아버지를 보았다면 더 놀랐을 것이네. 하하하… "

尢 절름발이 왕 3획

다리가 굽어진 모양(尢)을 본떠서

就 이룰 취 12획
💡 서울(京)로 와서 성공하니 이룰 취
就業취업 : 취직하다
就職취직 : 직업을 잡아 직장에 나감

尸 주검 시 3획

앉은 사람의 모양(尸)을 본떠서

局 부분 국 7획
💡 전체 중의 일부분이니 부분 국
局地국지 : 한정된 범위의 지역
局限국한 : 어떤 부분에만 한정함

居 있을 거 8획
💡 옛(古) 집에서 사니 살 거
居留거류 : 어떤 곳에 임시로 머물러 삶
居處거처 : 살고 있는 곳

屈 굽을 굴 8획
💡 굴복하여 꿇어 엎드리니 굽을 굴
屈曲굴곡 : 이리저리 굽어 꺾임
屈辱굴욕 : 굴복당해 치욕을 받음

1획
2획
3획
4획
5획
6획
7획
8획
9획
10획
11획
12획
13획
14획
15획
16획

屋 ▶ 집 옥 9획　　💡 사람이 사는 집이니 집 옥

屋外옥외 : 집 밖
家屋가옥 : 살려고 지은 집

展 ▶ 펼 전 10획　　💡 옷(衣+工 네 개)을 예쁘게 입고 몸을 펴 앉으니(尸) 펼 전

展覽전람 : 벌여 놓고 일반에게 보임
發展발전 : 더 좋은 상태로 나아감　　＊ 展 본자

層 ▶ 층 층 15획　　💡 영안실에 층마다 시신(尸)이 있으니 층 층

層階층계 : 계단
高層고층 : 건물의 높은 층

屬 ▶ 무리 속 21획
💡 시체(尸)는 벌레(虫)가 먹어 썩어버리는 속성이 있으니 무리 속

屬性속성 : 어떤 사물이 가지는 특징이나 성질
從屬종속 : 주가 되는 것에 딸리어 붙음

山
메 산 3획

산봉우리의 모양(⋀⋀)을 본떠서

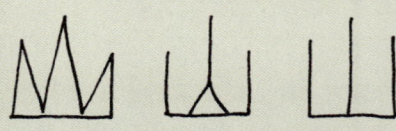

山 ▶ 뫼 산 3획　　💡 산봉우리 3개의 모양이니 뫼 산

山脈산맥 : 산줄기
山積산적 : 물건이나 일이 산더미같이 쌓임

섬 도 10획　🔦 섬(山)에 새(鳥)가 사니 섬 도

無人島무인도 : 사람이 살지 않는 섬
列島열도 : 죽 늘어서 있는 여러 섬들

높을 숭 11획　🔦 종교는 숭고하니 높을 숭

崇高숭고 : 뜻이 높고 고상하다
崇拜숭배 : 종교적 대상을 우러러 받듦

물이 흐르는 모양(巛)을 본떠서

개미허리 / 내 천 3획

내 천 3획　🔦 물이 흘러가는 모양 내 천

山川산천 : 산과 내. 자연
河川하천 : 강과 시내

고을 주 6획　🔦 하천(川) 사이사이에 고을이 있으니 고을 주

州郡주군 : 주(州)와 군(郡)을 아울러 이르는 말. 옛날 지방 행정 구역의 명칭

工 장인 공 3획

곱자 공구 모양(工)을 본떠서

工 工 工

장인 공 3획　　💡 기능공이나 예술인 장인 공

工藝공예 : 조형 미술
工程공정 : 작업이 되어가는 정도

巨 클 거 5획　　💡 거인은 키가 크니 클 거

巨物거물 : 큰 인물
巨人거인 : 위대한 인물. 몸이 아주 큰 사람

左 왼 좌 5획　　💡 좌우의 왼쪽 왼 좌

左傾좌경 : 급진적 좌익 사상으로 기울어짐
左右좌우 : 왼쪽과 오른쪽

差 다를 차 10획　　💡 양(羊)의 뿔도 각각 다르니 다를 차

差度차도 : 병이 나아가는 일
差備차비 : 갖추어 차림

己

몸 기 3획

구부러진 실의 모양(己)을 본떠서

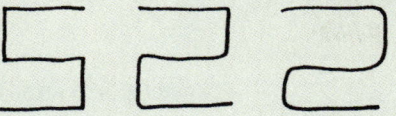

己

자기 기 3획

💡 '己' 모양처럼 생긴 자기 기

自己자기 : 당사자 자신
己未年기미년 : 육십갑자(六十甲子)의 쉰여섯 번째 해

已

이미 이 3획

💡 이왕지사 이미 지나간 일이니 이미 이

已往이왕 : 이미 정해진 사실로서 어쩔 수 없게 된 바에
不得已부득이 : 마지못해 어쩔 수 없이

巾

수건 건 3획

수건의 모양(巾)을 본떠서

市

저자 시 5획

💡 시장에서 수건(巾)을 사니 저자 시

市街시가 : 도시의 큰 길거리
市勢시세 : 현재의 물건값

95

1획

2획

3획

4획

5획

6획

7획

8획

9획

10획

11획

12획

13획

14획

15획

16획

布 ▶

베 포 5획　🔆 베로 만든 헝겊 베 포

布教포교 : 종교를 널리 폄

分布분포 : 흩어져 퍼져 있음

希 ▶

바랄 희 7획　🔆 베옷(布)이 아니고(乂) 비단옷을 바라니 바랄 희

希求희구 : 원하고 바람

希望희망 : 소망을 가지고 기대하여 바람

帝 ▶

임금 제 9획　🔆 제국은 제왕이 통치하니 임금 제

帝國제국 : 황제가 다스리는 나라

帝政제정 : 제왕의 정치

師 ▶

스승 사 10획　🔆 스승이 제자를 가르치니 스승 사

師事사사 : 스승으로 섬김

師弟사제 : 스승과 제자

席 ▶

자리 석 10획　🔆 바닥에 까는 돗자리 자리 석

席次석차 : 자리의 차례

座席좌석 : 앉을 수 있게 마련한 자리

帶 ▶

띠 대 11획　🔆 열대지역은 머리에 수건을 두르니 띠 대

帶同대동 : 데리고 감

革帶혁대 : 허리띠

常 ▶

항상 상 11획　🔆 상식은 항상 알아야 하니 항상 상

常規상규 : 일반적인 규정

常識상식 : 일반적으로 알아야 하는 지식

帳 ▶

휘장 장 11획　🔆 긴(長) 천(巾)의 휘장을 치니 휘장 장

通帳통장 : 예금통장

揮帳휘장 : 커튼. 장막

병기의 모양(**Ұ**)을 본떠서

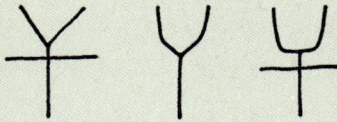

干 방패 간 3획

방패 간 3획   두 갈래로 갈라진 막대기 모양 방패 간

干與간여 : 관계하여 참여함
干滿간만 : 밀물과 썰물

평평할 평 5획 수평은 면이 고르니 평평할 평

平生평생 : 일생
平野평야 : 넓고 평평한 들판

해 년 6획 1년의 기간 해 년

年輪연륜 : 여러 해 동안 쌓은 경험으로 성취한 숙련의 정도
年歲연세 : 나이의 높임말

다행 행 8획 다행히 행운을 만나니 다행 행

幸福행복 : 복된 운수
幸運행운 : 좋은 운수

車

軍人이 전차를 타고 싸우니

軍人(군인)　將軍(장군)
軍士(군사)　軍歌(군가)
軍糧米(군량미)

軍
군사 군

車
수레 차[거]

庫
곳집 고

陣
진칠 진

수레(몸통, 바퀴 등)의 모양을 본뜬 글자

汽車(기차)　車輛(차량)
自轉車(자전거)
停車場(정거장)
自動車(자동차)

언덕(阝)에 전차(車)로
진지(陣地)를 구축하니

陣營(진영)　敵陣(적진)
陣頭指揮(진두지휘)
背水陣(배수진)
筆陣(필진)

수레(車)를 집(广)에 넣어
두니

車庫(차고)　金庫(금고)
寶庫(보고)　倉庫(창고)
武器庫(무기고)

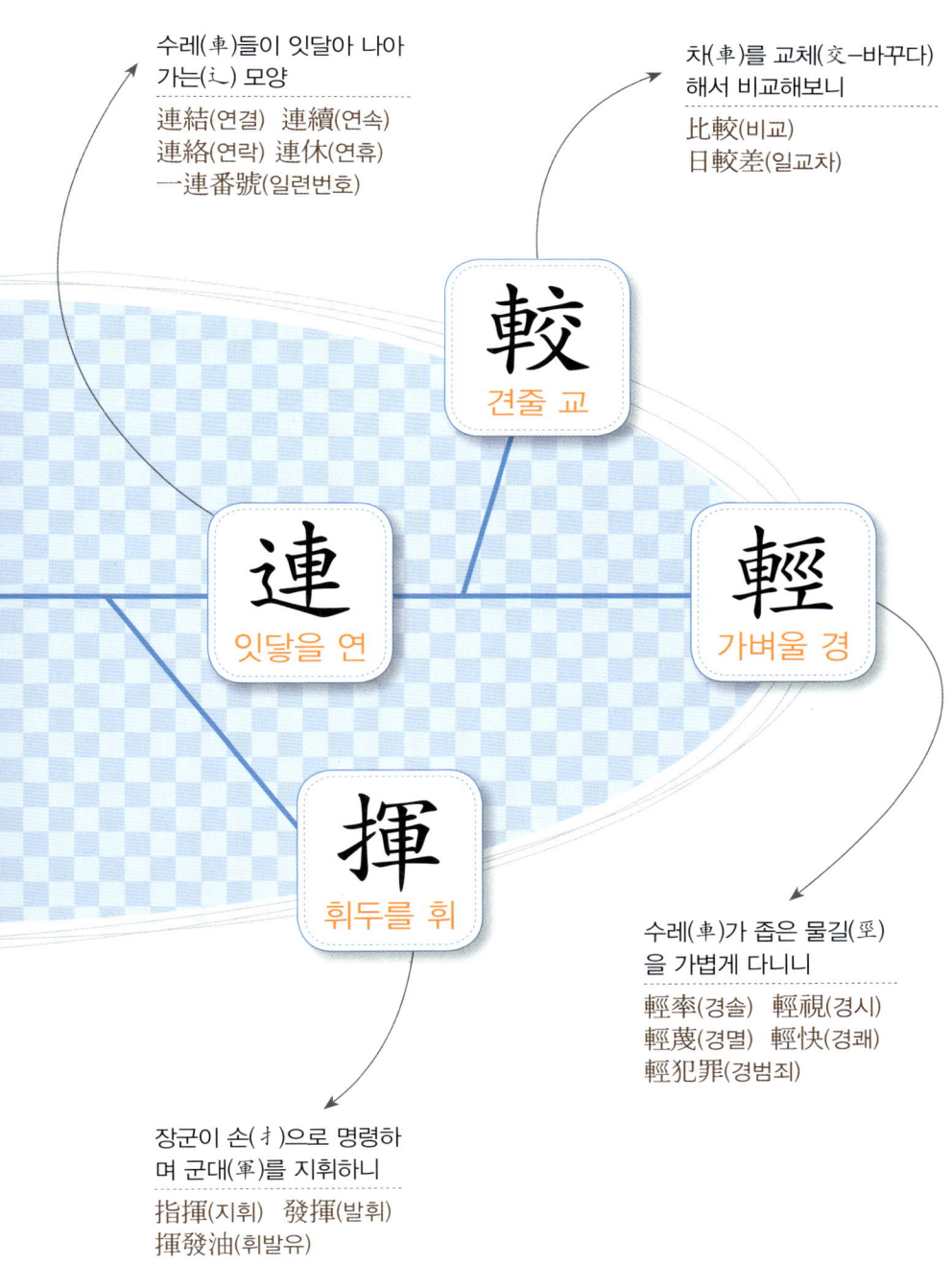

수레(車)들이 잇달아 나아
가는(辶) 모양

連結(연결) 連續(연속)
連絡(연락) 連休(연휴)
一連番號(일련번호)

차(車)를 교체(交-바꾸다)
해서 비교해보니

比較(비교)
日較差(일교차)

較
견줄 교

連
잇닿을 연

輕
가벼울 경

揮
휘두를 휘

수레(車)가 좁은 물길(巠)
을 가볍게 다니니

輕率(경솔) 輕視(경시)
輕蔑(경멸) 輕快(경쾌)
輕犯罪(경범죄)

장군이 손(扌)으로 명령하
며 군대(軍)를 지휘하니

指揮(지휘) 發揮(발휘)
揮發油(휘발유)

작을 요 3획

한 묶음의 실 모양(𠃌)을 본떠서

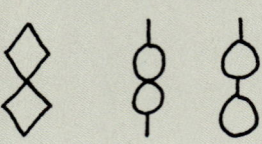

어릴 유 5획

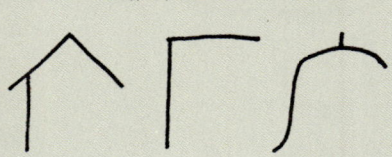 어린(幺) 사람은 힘(力)이 약하니 어릴 유

幼弱유약 : 어리고 연약함
幼稚유치 : 나이가 어림

幽

그윽할 유 9획

🔅 유령은 어두컴컴한 산(山) 속에 사니 그윽할 유

幽靈유령 : 죽은 사람의 혼령
幽閉유폐 : 방에 가둠

엄호 3획

집의 모양(宀)을 본떠서

床

상 상 7획

🔅 상은 나무로 만드니 상 상

起床기상 : 잠자리에서 일어남
寢床침상 : 누워 자는 평상

100

序 ▶

차례 서 7획 　💡 차례대로 주니(予, 여) 차례 서

序文서문 : 머리말
順序순서 : 차례

府 ▶

곳집 부 8획 　💡 물건을 쌓아 두는 곳 곳집 부

政府정부 : 행정을 맡아보는 국가 기관
府院君부원군 : 왕비의 친아버지에게 주던 작호

底 ▶

밑 저 8획 　💡 밑바닥에 낮게 깔려있으니 밑 저

底邊저변 : 사물의 근본을 이루는 바탕
底意저의 : 속마음

店 ▶

가게 점 8획 　💡 일정한 집(广)을 차지한(占) 곳 가게 점

書店서점 : 책방
賣店매점 : 가게

度 ▶

법도 도 9획 　💡 길이를 손으로 재니 법도 도

度量도량 : 길이와 용적
度外視도외시 : 관심을 두지 않음

庫 ▶

곳집 고 10획 　💡 집(广)에 수레(車)를 넣어두니 곳집 고

寶庫보고 : 귀중한 물건을 간수해 두는 창고
文庫문고 : 서고

庭 ▶

뜰 정 10획 　💡 집안에 정원이 있으니 뜰 정

庭園정원 : 집안의 뜰이나 꽃밭
宮庭궁정 : 임금이 거처하는 집

座 ▶

자리 좌 10획 　💡 집(广) 안 자리에 앉으니(坐) 자리 좌

座席좌석 : 앉는 자리
座標좌표 : 사물이 처해 있는 위치

康 ▶ 편안할 강 11획 💡건강하면 몸이 편안하니 편안할 강
健康건강 : 몸이 튼튼함
小康소강 : 분란 등이 그치고 조금 잠잠함

廣 ▶ 넓을 광 15획 💡황금색(黃) 벌판은 넓으니 넓을 광
廣野광야 : 너른 벌판
廣場광장 : 너른 마당

廳 ▶ 관청 청 25획
💡관청(广)은 백성의 소리를 들어야(聽, 청)하니 관청 청
廳舍청사 : 관청의 건물
退廳퇴청 : 업무를 마치고 관청에서 나오다

민책받침/길게 걸을 인 3획

彳의 l을 길게 늘인 모양 (彡)

延 ▶ 끌 연 7획 💡시간을 끌어 지체되니 끌 연
延期연기 : 정해진 기한을 뒤로 미룸
延長연장 : 시간 등을 길게 늘림

建 ▶ 세울 건 9획 💡건물을 세우니 세울 건
建立건립 : 창건함
建築건축 : 집 등의 건조물을 세움

1획
2획
3획
4획
5획
6획
7획
8획
9획
10획
11획
12획
13획
14획
15획
16획

廾

스물입발 3획

무엇을 받쳐 들고 있는 모양 (艹)

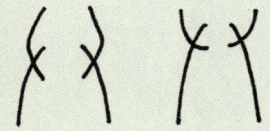

弄 ▶

희롱할 롱(농) 7획

💡 구슬(玉, 옥)을 갖고 노니 희롱할 롱

戲弄희롱 : 실없이 놀림
弄談농담 : 실없는 말

弊 ▶

해질 폐 15획

💡 두 손(廾)으로 헌(敝) 것을 만드니 해질 폐

弊端폐단 : 폐해를 가져오는 단서
弊害폐해 : 나쁘고 해로움

弋

주살 익 3획

가지가 뻗어있는 작은 말뚝의 모양 (弋)

式 ▶

법 식 6획

💡 일의 일정한 방법 법 식

式順식순 : 의식의 차례
儀式의식 : 정해진 방식으로 하는 행사

弓

활 궁 3획

활의 모양( )을 본떠서

ヨ ヨ 弓

引

당길 인 4획

💡한 줄(丨)로 된 활(弓)줄을 당기니 당길 인

引繼인계 : 넘겨줌
引導인도 : 길을 안내함

弟

아우 제 7획

💡형제 중 연하의 동생 아우 제

弟子제자 : 가르침을 받는 사람
兄弟형제 : 형과 아우

弱

약할 약 10획

💡약골은 깃털(羽)처럼 허약하니 약할 약

弱點약점 : 결점
弱化약화 : 세력이나 힘이 약해짐

強

굳셀 강 11획

💡사슴벌레(虫)는 넓고(厶) 큰 뿔이 있어 힘이 세니 굳셀 강

強盜강도 : 폭력으로 남의 물건을 뺏음
強壓강압 : 강제로 누름

張

당길 장 11획

💡활시위(弓, 궁)를 길게(長, 장) 당기니 당길 장

張本人장본인 : 어떤 일을 일으킨 당사자
表面張力표면장력 : 액체가 수축하여 둥글게 되는 힘

彈

탄알 탄 15획

💡활(弓)로 탄알을 한 알씩 쏘니 탄알 탄

彈壓탄압 : 권력이나 무력으로 억눌러 짓밟음
爆彈폭탄 : 폭약으로 터지는 폭발물

삐친석 삼/터럭 삼 3획

수염이 난 사람 모양(彡)을 본떠서

形 ▶

모양 형 7획 💡 모양이 형형색색이니 모양 형

形狀형상 : 물체의 생긴 모양
形容형용 : 모양을 말이나 글로 나타냄

影 ▶

그림자 영 15획 💡 햇빛(日)을 비추면 그림자가 생기니 그림자 영

影響영향 : 다른 사물을 변화시키는 작용
投影투영 : 물체의 그림자가 수면에 비침

두인변/걸을 척 3획

行 왼쪽인 '彳'을 쓴 것임 (彳)

往 ▶

갈 왕 8획 💡 왔다갔다 왕복하니 갈 왕

往復왕복 : 갔다가 돌아옴
往生왕생 : 죽어서 극락정토로 감

待 대접할 대 9획 💡절(寺)에서 손님을 대접하니 대접할 대

待遇대우 : 예의를 갖추어 대함

待避대피 : 난을 임시로 피함

律 법 률(율) 9획 💡법률과 계율을 지키니 법 률

律動율동 : 규칙적으로 반복되는 운동

律令율령 : 법률과 명령

後 뒤 후 9획 💡후손이 없어 후회하니 뒤 후

前後전후 : 앞과 뒤

後光후광 : 사물을 더욱 빛나게 하는 배경

徒 무리 도 10획 💡한 무리의 사람들이 걷고(彳) 달려가니(走) 무리 도

徒黨도당 : 불순한 사람들이 떼를 지어 이룬 무리

無爲徒食무위도식 : 일하지 아니하고 빈둥빈둥 놀고먹음

得 얻을 득 11획 💡득남(得男)하여 아들을 얻으니 얻을 득

得勢득세 : 세력을 얻음

得失득실 : 이익과 손해

從 좇을 종 11획 💡앞 사람의 뒤를 뒤따르니 좇을 종

從屬종속 : 주되는 것에 딸려 붙음

從事종사 : 어떤 일을 일삼아서 함

復 돌아올 복 12획 💡되풀이하여 되돌아오니 돌아올 복

復歸복귀 : 본래 상태로 되돌아감

反復반복 : 거듭해서 되풀이함

德 덕 덕 15획 💡한(一) 마음(心)으로 덕망을 쌓으니 덕 덕

德望덕망 : 덕행과 인망

道德도덕 : 양심, 관습에 따라 마땅히 지켜야 할 행동 준칙

1획
3획
2획
4획
5획
6획
7획
8획
9획
10획
11획
12획
13획
14획
15획
16획

권토중래
捲土重來

[뜻] 흙먼지를 말아 일으키며 다시 쳐들어온다는 뜻으로, 한 번 실패한 자가 태세를 가다
듬어 다시 공격해 온다는 말.

[어휘] 捲 : 말 권 / 土 : 흙 토 / 重 : 거듭할 중 / 來 : 올 래

[어순] 술어(捲) + 목적어(土) + 부사어(重) + 술어(來)

[유래] '권토중래(捲土重來)'는 만당(晚唐)의 시인 두목(杜牧)의 '제오강정(題烏江亭)'에서 나
온 말이다. 이 시는 유방(劉邦)에게 패전한 불운의 풍운아 항우(項羽)를 읊은 시이다.
항우가 수치를 참고 재기했더라면 상황이 바뀌지 않았겠느냐 하며 애석하게 생각하
는 시인의 애틋한 마음이 담겨있다.

오강(烏江)은 비운의 장사 항우가 자결한 곳으로 유명한 강이다. 두목은 오강을 거
닐며 천 년 전 항우의 비장한 죽음을 회상하며 시를 지었다.

제오강정(題烏江亭)

전장의 승패는 기약할 수 없는 것으로, 수치와 부끄러움을 참는 것이 사나이네.

강동 땅에는 인재들이 많으니, 다시 재기해서 쳐들어올 수도 있으련만.

勝敗兵家不可期, (승패병가불가기)   包羞忍恥是男兒. (포수인치시남아)

江東子弟多豪傑, (강동자제다호걸)   捲土重來未可知. (권토중래미가지)

항우는 강동에서 같이 온 8000명의 부하들을 다 잃고 오강에 도달했을 때, 정장
(亭長)으로부터 배를 타고 강동으로 돌아가라는 간곡한 권유를 뿌리친다. 이유는 패
전하였는데 무슨 면목으로 강동의 부모형제를 만날 수 있겠냐는 것이었다. 마침 한
군(漢軍)이 맹추격을 해오자 그 속으로 뛰어 들어가 수 백 명을 베어버린다. 순간 적
군 속에서 옛 친구를 발견하고 자기 목을 가지고 상을 타라고 하며 스스로 목을 베어
죽는다.

心

마음 심 3, 4획

심장의 모양(♡)을 본떠서

 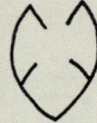 

마음 심 4획　💡 **마음고생으로 심장이 타니 마음 심**

心境심경 : 마음의 상태

心身심신 : 정신과 육체

반드시 필 5획　💡 **마음(心)으로 꼭(必) 다짐하니 반드시 필**

必然필연 : 반드시 그렇게 됨

必要필요 : 꼭 소용이 됨

뜻 지 7획　💡 **선비(士)의 심지(心)는 굳으니 뜻 지**

志願지원 : 바라고 원함

志操지조 : 굳은 절개

생각할 념(염) 8획　💡 **오늘(今)도 마음(心)을 다해 생각하니 생각할 념**

念慮염려 : 헤아려 걱정함

念願염원 : 마음에 간절히 생각하고 기원함

충성 충 8획　💡 **충성스런 마음은 중심(中心)을 잘 잡으니 충성 충**

忠誠충성 : 성심

忠節충절 : 충성스러운 절개

快

쾌할 쾌 7획　💡 **유쾌한 마음이니 쾌할 쾌**

快樂쾌락 : 유쾌하고 즐거움

快適쾌적 : 기분이 상쾌하고 즐겁다

急

급할 급 9획 　💡 마음이 급하니 급할 급

救急구급 : 위급한 상황에서 구해내다
急所급소 : 치명적이 될 수 있는 몸의 중요한 부분

怒

성낼 노 9획 　💡 노예(奴)로 취급하여 분노하니 성낼 노

激怒격노 : 몹시 분하고 노여운 감정이 북받쳐 오르다
憤怒분노 : 분개하여 몹시 성을 냄

思

생각할 사 9획 　💡 밭(田) 길을 산책하며 사색하니 생각할 사

思考사고 : 생각하고 궁리함
思想사상 : 생각. 판단의 체계

性

성품 성 8획 　💡 성품은 타고나니(生) 성품 성

性格성격 : 개인 특유의 성질이나 품성
特性특성 : 한 대상만의 고유한 성질

怨

원망할 원 9획 　💡 원통한 마음(心)으로 원망하니 원망할 원

怨聲원성 : 원망하는 소리
怨恨원한 : 원망스럽고 한이 되는 생각

息

숨 쉴 식 10획 　💡 스스로(自) 마음(心)을 가라앉히니 숨쉴 식

歎息탄식 : 한탄하여 한숨을 쉼
休息휴식 : 하던 일을 멈추고 잠깐 쉼

恩

은혜 은 10획 　💡 은혜와 은총을 받으니 은혜 은

恩怨은원 : 은혜와 원수
恩惠은혜 : 고맙게 베풀어 주는 신세나 혜택

恨

한할 한 9획 　💡 마음속에 원한을 품으니 한할 한

恨歎한탄 : 한숨을 쉬며 탄식함
痛恨통한 : 분하여 한스럽게 여김

患

근심 환 11획

💡 실로 꿴 것(串, 천)처럼 줄줄이 마음(心)에 걸리니 근심 환

患亂환란 : 재난
後患후환 : 어떤 일로 뒷날에 생기는 걱정과 근심

悲

슬플 비 12획

💡 비통하여 가슴 아파하니 슬플 비

悲劇비극 : 매우 슬프고 불행한 일이나 사건
悲運비운 : 슬픈 운수

惡

악할 악 12획

💡 악한 마음을 가지니 악할 악

惡黨악당 : 악인의 무리
惡毒악독 : 마음이 흉악하고 독함

情

뜻 정 11획

💡 마음(忄) 속 변치 않는 푸른(靑) 정 뜻 정

情景정경 : 사람이 처해 있는 형편
情趣정취 : 멋. 운치

惠

은혜 혜 12획

💡 은혜와 혜택을 받으니 은혜 혜

恩惠은혜 : 남에게 받는 신세나 혜택
惠存혜존 : 저서를 증정할 때 받는 사람 이름 아래 쓰는 말. '잘 보아 주십시오'의 뜻임

感

느낄 감 13획

💡 사물을 보고 느낌이 일어나니 느낄 감

感激감격 : 감동하여 분발함
感受性감수성 : 자극을 받아 느끼는 성질

想

생각할 상 13획

💡 이심전심(心)으로 서로(相) 생각하니 생각할 상

空想공상 : 비현실적인 것을 마음대로 상상함
理想이상 : 꿈

愛

사랑 애 13획

💡 사랑하면 심장(心)이 뛰니 사랑 애

愛情애정 : 사랑하는 미음
愛着애착 : 몹시 사랑하여 떨어지지 아니함

1획
2획
4획
5획
6획
7획
8획
9획
10획
11획
12획
13획
14획
15획
16획

意 ▶ 뜻 의 13획　💡마음(心)속에 담아둔 소리(音)를 나타내니 뜻 의

故意고의 : 일부러 하는 행동이나 생각
意圖의도 : 마음속으로 계획함

態 ▶ 모양 태 14획　💡마음에서 우러난 태도 모양 태

態度태도 : 몸가짐
姿態자태 : 어떤 대상의 생김새나 모양

慶 ▶ 경사 경 15획　💡진심으로 축하할 만한 일 경사 경

慶事경사 : 기쁜 일
慶祝경축 : 경사를 축하함

慮 ▶ 생각할 려 15획　💡사려깊이 생각하니 생각할 려

考慮고려 : 어떤 대상을 생각하고 헤아려 봄
配慮배려 : 마음을 써서 보살피고 도와줌

慰 ▶ 위로할 위 15획　💡위로하며 마음을 달래주니 위로할 위

慰勞위로 : 슬픔을 달래 주려고 따뜻하게 대하여 줌
慰問위문 : 위로하기 위해 문안함

憤 ▶ 분할 분 15획　💡감정이 솟구쳐 화를 내니 분할 분

憤怒분노 : 분하여 성냄
激憤격분 : 몹시 분하고 노여운 감정이 북받쳐 오름

憲 ▶ 법 헌 16획　💡헌법은 나라의 법률이니 법 헌

憲政헌정 : 입헌 정치
改憲개헌 : 헌법을 고쳐서 다시 정함

應 ▶ 응할 응 17획　💡부름에 응하니 응할 응

應急응급 : 급한 대로 우선 처리함
呼應호응 : 부름에 대답하거나 응하다

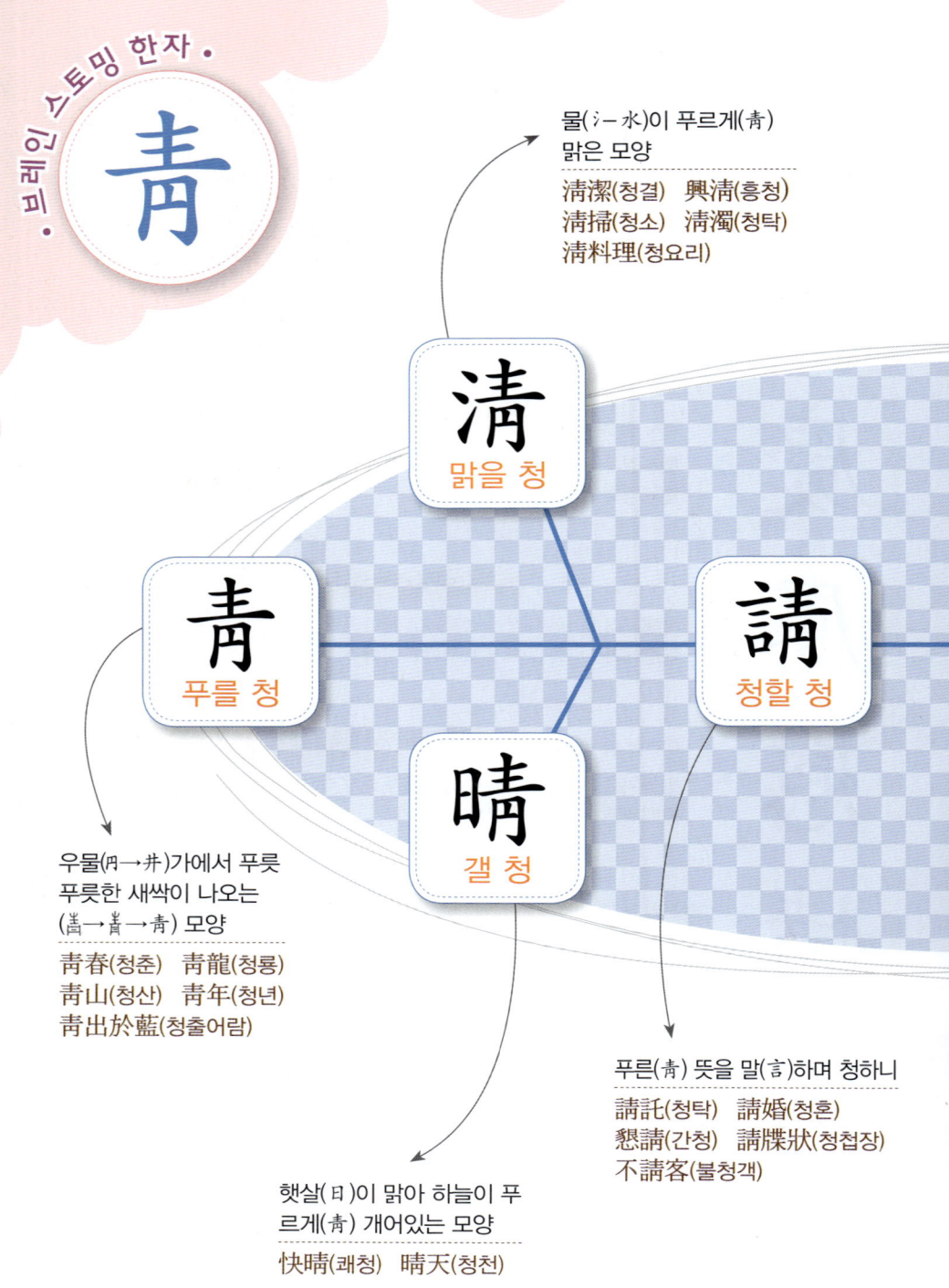

青

물(氵→水)이 푸르게(靑)
맑은 모양

淸潔(청결) 興淸(흥청)
淸掃(청소) 淸濁(청탁)
淸料理(청요리)

淸
맑을 청

靑
푸를 청

請
청할 청

晴
갤 청

우물(丹→井)가에서 푸릇
푸릇한 새싹이 나오는
(屮→峀→靑) 모양

靑春(청춘) 靑龍(청룡)
靑山(청산) 靑年(청년)
靑出於藍(청출어람)

푸른(靑) 뜻을 말(言)하며 청하니

請託(청탁) 請婚(청혼)
懇請(간청) 請牒狀(청첩장)
不請客(불청객)

햇살(日)이 맑아 하늘이 푸
르게(靑) 개어있는 모양

快晴(쾌청) 晴天(청천)

마음(忄-心) 속에 변치 않은 푸른(靑) 정(情)

心情(심정)　感情(감정)　母情(모정)
人之常情(인지상정)
多情多感(다정다감)

쌀(米)을 찧어 맑고(靑) 깨끗이 하니

精潔(정결)　受精(수정)
搗精(도정)　精密(정밀)
博而不精(박이부정)

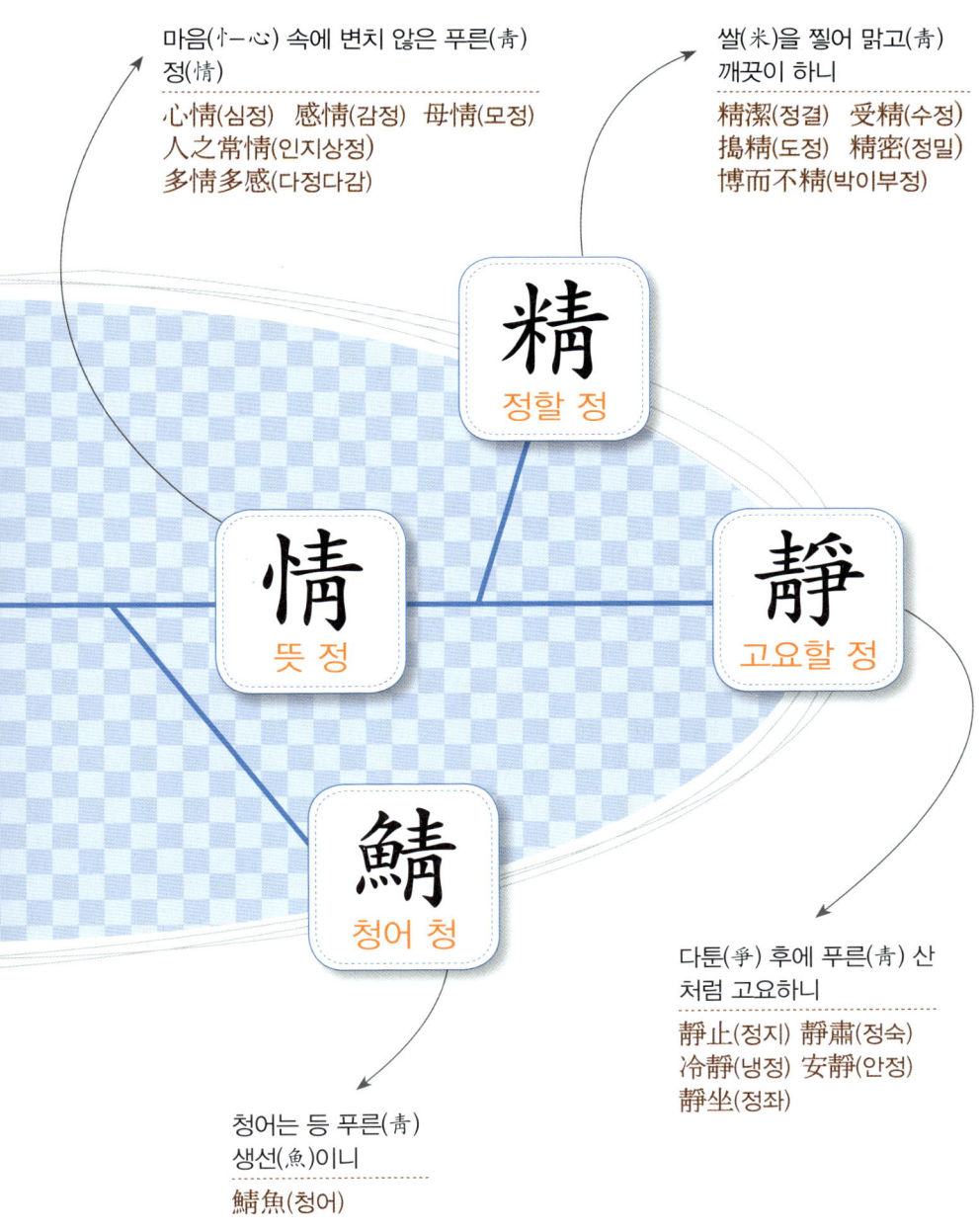

精
정할 정

情
뜻 정

靜
고요할 정

鯖
청어 청

다툰(爭) 후에 푸른(靑) 산 처럼 고요하니

靜止(정지)　靜肅(정숙)
冷靜(냉정)　安靜(안정)
靜坐(정좌)

청어는 등 푸른(靑) 생선(魚)이니

鯖魚(청어)

戈 창 과 4획

병기의 모양(†)을 본떠서

戒 ▶ 경계할 계 7획

💡 계율을 지키며 조심하니 경계할 계

戒律계율 : 신도(信徒)가 지켜야 할 규범
警戒경계 : 사고가 생기지 않도록 단속함

成 ▶ 이룰 성 7획

💡 성공하여 목적을 이루니 이룰 성

成功성공 : 목적을 이루다
成績성적 : 일의 결과로 얻은 실적

或 ▶ 혹 혹 8획

💡 어떤 대상 또는 만일의 경우 혹 혹

或者혹자 : 어떤 사람
間或간혹 : 어쩌다가 한 번씩

戰 ▶ 싸울 전 16획

💡 전쟁은 창을 들고 싸우니 싸울 전

戰爭전쟁 : 싸움
休戰휴전 : 전쟁 중 얼마 동안 싸움을 멈추다

한 쪽 문짝의 모양(戶)을 본떠서

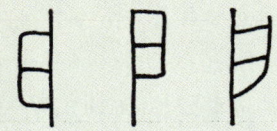

戶 지게 호 4획

지게 호 4획 💡 한 쪽 문짝의 모양 지게 호
戶籍호적 : 본적지, 성명, 생년월일 등을 기록한 공문서
戶主호주 : 한 집안의 가장

방 방 8획 💡 방은 모두 사각형(方, 방)이니 방 방
暖房난방 : 실내의 온도를 높여 따뜻하게 하는 일
冊房책방 : 서점

바 소 8획 💡 장소를 나타내니 바 소
所聞소문 : 전하여 들리는 말
場所장소 : 일이나 사건이 발생한 곳

손 수 3, 4획

손의 모양(手)을 본떠서

1획
2획
3획
4획
5획
6획
7획
8획
9획
10획
11획
12획
13획
14획
15획
16획

手 ▶

손 수 4획　💡 모든 수속을 손수 직접 처리하니 손 수

手段수단 : 일을 처리하는 방법
手續수속 : 일을 하는 절차

才 ▶

재주 재 3획　💡 소질이나 재능이 있으니 재주 재

天才천재 : 선천적으로 남보다 뛰어난 재능을 가진 사람
才能재능 : 재주와 능력

打 ▶

칠 타 5획　💡 장정(丁)들이 손(扌)으로 치고 싸우니 칠 타

打擊타격 : 치다
打算타산 : 이해관계를 따져 계산하다

投 ▶

던질 투 7획　💡 손(扌)으로 창(殳)을 던지니 던질 투

投獄투옥 : 옥에 가둠
投降투항 : 항복함

技 ▶

재주 기 7획　💡 손으로 재주를 부리니 재주 기

技藝기예 : 재주. 기술
特技특기 : 남달리 특별한 기술

批 ▶

비평할 비 7획　💡 손으로 지적하며 비교하니 비평할 비

批判비판 : 옳고 그름을 가리어 판단하고 밝힘
批評비평 : 사물의 옳고 그름을 논하다

承 ▶

이을 승 8획　💡 자식이 대를 이어 계승하니 이을 승

承認승인 : 옳다고 인정하여 허락함
繼承계승 : 물려받아 이어 나감

折 ▶

꺾을 절 7획　💡 손에 도끼(斤, 근)를 들고 쳐서 꺾으니 꺾을 절

折半절반 : 둘로 나눈 그 하나
屈折굴절 : 휘어서 꺾임

抗 ▶ 막을 항 7획　💡 손으로 막으며 저항하니 막을 항

抗拒항거 : 대항하다
反抗반항 : 다른 사람에게 맞서서 대들다

拒 ▶ 막을 거 8획　💡 거대한(巨) 것을 손(扌)으로 막으니 막을 거

拒否거부 : 승낙하지 않고 물리침
拒絕거절 : 거부하고 끊어버림

拍 ▶ 칠 박 8획　💡 박자에 맞춰 치니 칠 박

拍手박수 : 손뼉을 치다
拍車박차 : 어떤 일이 잘되도록 재촉하는 힘

拜 ▶ 절 배 9획　💡 두 손을 모아 절을 하니 절 배

拜上배상 : 삼가 올림(편지에서 이름 아래 씀)
崇拜숭배 : 우러러 공경함

招 ▶ 부를 초 8획　💡 손(扌)짓하며 부르니(召) 부를 초

招待초대 : 모임에 참석해 줄 것을 청하다
招請초청 : 청하여 부름

持 ▶ 가질 지 9획　💡 절(寺)의 스님이 염주를 손(扌)에 가지고 있으니 가질 지

持續지속 : 같은 상태가 오래 계속됨
支持지지 : 어떤 사람의 의견 등에 찬동하여 힘을 보탬

指 ▶ 손가락 지 9획　💡 손가락으로 지적하니 손가락 지

指導지도 : 가르쳐 인도함
指壓지압 : 손끝으로 누름

掃 ▶ 쓸 소 11획　💡 손(扌)에 빗자루(帚)를 들고 청소하니 쓸 소

淸掃청소 : 더러운 쓸고 닦아서 깨끗하게 함
一掃일소 : 한꺼번에 싹 제거함　☞ **추(帚)** : 비, 빗자루

1획

2획

4획

5획

6획

7획

8획

9획

10획

11획

12획

13획

14획

15획

16획

授 ▶

줄 수 11획

💡 손(扌)으로 물건을 받게(受) 주니 줄 수

授與수여 : 내려 줌
傳授전수 : 기술이나 지식을 전하여 줌

接 ▶

대접할 접 11획

💡 손을 걷어 부치고 손님을 대접하니 대접할 접

接見접견 : 공식적으로 손님을 만나 보다
接待접대 : 손님을 대접함

採 ▶

캘 채 11획

💡 손(扌)으로 나무뿌리를 캐니(采) 캘 채

採用채용 : 사람을 골라서 씀
採取채취 : 캐어냄

推 ▶

밀 추 11획

💡 추천하여 밀어주니 밀 추

推理추리 : 사리를 미루어서 생각함
推測추측 : 미루어 헤아리거나 생각함

探 ▶

찾을 탐 11획

💡 나무(木) 구멍에 손(扌)을 넣어 찾으니 찾을 탐

探究탐구 : 진리, 학문 등을 깊이 연구함
探險탐험 : 위험한 곳을 탐사함

援 ▶

도울 원 12획

💡 함정에 빠진 자를 손으로 잡아주니 도울 원

援助원조 : 도와 줌
聲援성원 : 소리를 질러 응원함

提 ▶

내놓을 제 12획

💡 옳은(是) 제안을 내놓으니 내놓을 제

提案제안 : 의안을 제출함
提議제의 : 의제를 제출함

揮 ▶

휘두를 휘 12획

💡 손(扌)을 휘두르며 군(軍)을 지휘하니 휘두를 휘

發揮발휘 : 능력을 떨치어 나타내다
指揮지휘 : 단체의 행동을 통솔함

損 ▶

잃을 손 13획 💡 인원(員) 손실을 보니 잃을 손

損傷손상 : 물건이 깨지거나 상함
破損파손 : 깨어져 못 쓰게 되다

據 ▶

의거할 거 16획 💡 근거가 될 증거를 잡으니 의거할 거

根據근거 : 어떤 일의 터전이 되는 곳
證據증거 : 어떤 사실을 증명할 수 있는 근거

擊 ▶

칠 격 17획 💡 수레(車)를 타고 손(手)에 든 창(殳)으로 적을 치니 칠 격

目擊목격 : 눈으로 직접 봄
擊破격파 : 물체를 손, 발로 쳐서 깨뜨림

擔 ▶

멜 담 16획 💡 손으로 들어 올려 어깨에 메니 멜 담

擔保담보 : 맡아서 보증함
加擔가담 : 같은 편이 되어 일을 같이 하다

操 ▶

잡을 조 16획 💡 손에 곤봉을 잡고 체조하니 잡을 조

體操체조 : 건강을 위하여 몸을 움직이는 운동
操作조작 : 기계 등을 다루어 움직임

擇 ▶

가릴 택 16획 💡 다행히(幸) 4(四)번 가려 선택하니 가릴 택

選擇선택 : 여럿 중에서 필요한 것을 골라 뽑음
擇日택일 : 좋은 날을 가림

擧 ▶

들 거 18획 💡 더불어(與) 손(手)으로 들어 올리니 들 거

擧論거론 : 어떤 일을 논제로 제기하다
列擧열거 : 여러 가지 예를 죽 늘어놓음

마이동풍
馬耳東風

[뜻] 말 귀에 봄바람이 분다는 뜻으로 남의 의견이나 충고에 아무 반응이 없음을 나타내는 말이다.

[어휘] 馬 : 말 마 / 耳 : 귀 이 / 東 : 동녘 동 / 風 : 바람 풍

[어순] 수식어(馬耳) + 피수식어(東風)

[유래] '마이동풍'은 당나라 때의 시선(詩仙) 이백(李白)의 시에 나오는 말이다. 이백의 벗인 왕십이(王十二)가 보낸 '추운 밤 혼자 술 마시며 느끼는 회포'라는 시에 답장을 보낸 시인데, 자신의 불우한 처지를 한탄하며 시를 써 보낸 벗의 시를 읽고 이백이 시를 지은 것이다.

"인생은 허무한 것이니, 만고의 근심걱정을 술 한 잔에 씻어버리게. 그대처럼 고결한 선비는 오늘날같이 혼탁한 세상에서는 알아보지를 못 하니 너무 자책하지 말게나.

지금 세상은 말일세, 닭싸움 전문기술자가 천자에게 총애 받아 대로를 활보하고 다니거나 오랑캐의 침입을 막아 공을 세운 자들이 충신 중의 충신이 되는 세상이라네. 자네나 나나 그런 자들과 똑같이 행동할 수는 없지 않겠는가.

우리가 지은 시가 아무리 걸작이라 한들 이 세상은 아주 하찮은 것으로 안다네. 걸작을 알아보지 못 하고 귀 기울여 듣지도 않는다네. 마치 봄바람(東風)이 말의 귀(馬耳)에 부는 것과 같이 무관심할 뿐이라네. 안목이 물고기 눈 정도밖에 안 되는 우매한 자들이 밝은 달과 같은 자리를 차고 있다네."

……世人聞此皆掉頭, 有如東風射馬耳, 魚目亦笑我, 請與明月同.

……세상 사람들은 이 말을 들으면 모두 머리를 흔들 것이네. 마치 봄바람이 말의 귀를 스치는 것처럼. 생선 눈 같은 자들이 나를 비웃네, 밝은 달처럼 주옥같은 우리 대신 높은 자리 차지하네.

손(又)에 나뭇가지를 든 모양 (支)

가지 지 4획

支

가를 지 4획 💡 **본점에서 갈라져 나온 지점 가를 지**

支配지배 : 사람이나 집단을 복종하게 하여 다스림
支店지점 : 본점의 지시를 받으며 일을 맡아보는 점포

몽둥이를 들고 힘든 일을 하는 모습(攴)을 본떠서

등글월 문 4획

收

거둘 수 6획 💡 **손으로 거두어들이니 거둘 수**

領收證영수증 : 돈을 받은 것을 표시하는 증서
收容수용 : 받아들임

改

고칠 개 7획 💡 **스스로(己) 잘못을 채찍질(攵)하여 고치니 고칠 개**

改善개선 : 나쁜 점을 고쳐 좋게 함
改革개혁 : 바꿈. 새롭게 뜯어고침

1획
2획
3획
4획
5획
6획
7획
8획
9획
10획
11획
12획
13획
14획
15획
16획

攻 ▶ 칠 공 7획 💡 공격하여 치니 칠 공

攻略공략 : 다른 나라의 영토나 진지를 공격하여 빼앗음
專攻전공 : 전문적으로 연구하는 분야

放 ▶ 놓을 방 8획 💡 방목하여 놓아주니 놓을 방

開放개방 : 제한을 풀어 자유롭게 드나들게 함
放牧방목 : 가축을 놓아먹임

政 ▶ 정사 정 8획 💡 정치를 바로(正)잡으니 정사 정

政權정권 : 정치상의 권력
政事정사 : 정치

故 ▶ 옛 고 9획 💡 옛날(古)에 채찍(攵) 맞은 것을 생각하니 옛 고

故障고장 : 기계가 제대로 작동되지 않는 기능상의 장애
故鄕고향 : 태어난 곳

效 ▶ 본받을 효 10획 💡 교제(交)에서 본받을 점이 있으니 본받을 효

效果효과 : 좋은 결과
效驗효험 : 일이나 약 등의 작용으로 나타나는 좋은 결과

敎 ▶ 가르칠 교 11획 💡 회초리로 치며(攵) 애(子)를 가르치니 가르칠 교

敎養교양 : 학문 등을 바탕으로 닦은 수양
敎訓교훈 : 가르치고 타이름

救 ▶ 건질 구 11획 💡 물에 빠진 자를 건져주니 건질 구

救急구급 : 당장의 위급을 구함
救濟구제 : 어려운 처지에 있는 사람들을 건져줌

敗 ▶ 패할 패 11획 💡 망해서 재물(貝)을 다 잃으니 패할 패

敗北패배 : 싸움에 짐
敗戰패전 : 싸움에서 짐

敢 ▶ 감히 감 12획 💡 감히 귀(耳)싸대기를 치니(攵) 감히 감

果敢과감 : 과단성이 있고 용감하다
敢行감행 : 단호히 결행함

散 ▶ 흩어질 산 12획 💡 산산이 흩어지니 흩어질 산

離散이산 : 헤어져 흩어짐
散華산화 : 꽃다운 목숨이 전장에서 죽다

敬 ▶ 공경할 경 13획 💡 존경하는 마음으로 공경하니 공경할 경

敬拜경배 : 숭배하다
敬意경의 : 존경하는 마음

數 ▶ 셀 수 15획 💡 여러 번 숫자를 세니 셀 수

運數운수 : 인간의 힘으로는 어쩔 수 없는 천운(天運)
數次수차 : 몇 차례

敵 ▶ 원수 적 15획 💡 원수를 주먹으로 치니(攵) 원수 적

敵對적대 : 상대를 적으로 대함
無敵무적 : 매우 강하여 상대할 만한 적수가 없음

整 ▶ 가지런할 정 16획 💡 가지런하게 바로(正)잡으니 가지런할 정

整然정연 : 가지런하고 질서가 있다
調整조정 : 어떤 기준에 맞게 정돈함

가슴에 무늬가 새겨진 모양 (文)

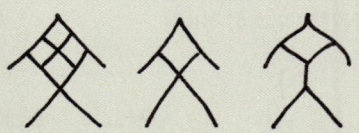

文 ▶ 글월 문 4획 💡 문서에는 글이 있으니 글월 문

文壇문단 : 문인(文人)들의 사회
文物문물 : 문화의 산물

국자의 모양(구)을 본떠서

斗 ▶ 말 두 4획 💡 한 말(斗)은 열(十) 되이니 말 두

北斗七星북두칠성 : 북쪽 하늘에 국자 모양을 한 큰곰자리의 일곱 개의 별

料 ▶ 헤아릴 료 10획 💡 쌀(米)을 말(斗)로 재니 헤아릴 료

料量요량 : 헤아려 생각함
資料자료 : 연구나 조사할 때 바탕이 되는 재료

斤 도끼 근 4획

도끼에 화살촉을 달은 모양(勺)

新 새 신 13획

💡 새로 간 도끼(斤)로 나무(木)를 찍으니 새 신

最新최신 : 가장 새로움
新婚신혼 : 새로 혼인함

斷 끊을 단 18획

💡 조금씩(幺) 조각조각 도끼(斤)로 끊으니 끊을 단

斷絕단절 : 끊다
判斷판단 : 일정한 논리에 따라 사물의 관계를 결정함

方 모 방 4획

쟁기의 모양(才)을 본떠서

方 모 방 4획

💡 각진 네모 모 방

方針방침 : 나아갈 방향
秘方비방 : 비공개적으로 비밀스럽게 전해 오는 방법

1획

2획

3획

4획

5획

6획

7획

8획

9획

10획

11획

12획

13획

14획

15획

16획

施

베풀 시 9획 · 스님에게 시주하며 베푸니 베풀 시

施賞시상 : 상을 줌
施設시설 : 설비를 차려놓은 구조물

旅

나그네 여 10획 · 나그네가 여행을 하니 나그네 려

旅程여정 : 여행 노정
旅行여행 : 유람하러 객지를 두루 돌아다님

族

겨레 족 11획 · 같은 민족의 족속 겨레 족

遺族유족 : 죽은 자의 남아 있는 가족
貴族귀족 : 정치 · 사회적 특권을 가진 계층

旗

기 기 14획 · 네모 깃발 기 기

旗手기수 : 기를 드는 사람
反旗반기 : 반대의 뜻을 나타내는 표시

无는 無의 이체자임 ()

없을 무 4획

旣

이미 기 11획 · 이미 기정 사실이니 이미 기

旣往기왕 : 이미 지나간 일
旣定기정 : 이미 정해짐

태양의 모양(☉)을 본떠서

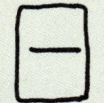  

날 일 4획

日 ▶

날 일 4획　💡 날이 밝아 해가 뜨니 날 일

日課일과 : 날마다의 과정
休日휴일 : 일요일이나 공휴일. 쉬는 날

早 ▶

새벽 조 6획　💡 해(日)가 새벽에 떠오르니 새벽 조

早期조기 : 이른 시기
早失父母조실부모 : 어려서 부모를 여읨

明 ▶

밝을 명 8획　💡 해와 달이 밝게 비추니 밝을 명

明確명확 : 명백하고 확실함
發明발명 : 생각하여 만들어 냄

易 ▶

바꿀 역 8획　💡 무역으로 물품을 바꾸니 바꿀 역

貿易무역 : 국제간에 상품을 교환하고 매매하다
易地思之역지사지 : 처지를 바꿔서 생각함

星 ▶

별 성 9획　💡 해(日)가 지면 별이 생기니(生) 별 성

衛星위성 : 행성의 인력에 의하여 그 둘레를 도는 천체
星座성좌 : 별자리

是 ▶

옳을 시 9획　💡 옳게 바로(疋-正)잡으니 옳을 시

是非시비 : 옳고 그름
是認시인 : 옳다고 인정함

映

비칠 영 9획

💡 해가(日) 가운데(央)를 비치니 비칠 영

反映반영 : 영향을 미쳐 드러나다
上映상영 : 극장에서 영화를 보여주는 일

昨

어제 작 9획

💡 오늘의 전날 어제 작

昨今작금 : 어제와 오늘
昨年작년 : 올해의 바로 앞의 해

春

봄 춘 9획

💡 삼(三)월에 사람(人)들에게 봄 햇살(日)이 비추니 봄 춘

春困춘곤 : 봄날에 느끼는 나른한 기운
回春회춘 : 다시 젊어짐

時

때 시 10획

💡 절(寺)에서는 북, 종을 쳐 시간을 알리니 때 시

時局시국 : 현재 당면한 국내외 정세
時節시절 : 철. 계절

晝

낮 주 11획

💡 흔한 낮에 책(書)을 보니 낮 주

晝夜주야 : 낮과 밤
白晝백주 : 환하게 밝은 대낮

景

경치 볕 경 12획

💡 서울(京)의 대낮(日) 경치가 좋으니 경치 경

景致경치 : 자연의 아름다운 풍경
背景배경 : 배후에 숨겨진 사정

普

두루 보 12획

💡 햇빛이 두루 비치니 두루 보

普施보시 : 널리 베풂
普通보통 : 특별하지 않고 예사로움

智

지혜 지 12획

💡 나날이(日) 알아서(知) 지혜로워지니 지혜 지

機智기지 : 상황에 따라 재치 있게 대응하는 슬기
智略지략 : 슬기로운 계략

暇 ▶

겨를 가 13획

☀💡 틈이 있는 날 겨를 가

餘暇여가 : 일이 없어 남는 시간
休暇휴가 : 직장에서 일정한 기간 동안 쉬는 일

暖 ▶

따뜻할 난 13획

☀💡 해가 나 따뜻하니 따뜻할 난

暖房난방 : 따뜻한 방
溫暖온난 : 날씨가 따뜻함

暗 ▶

어두울 암 13획

☀💡 해(日)가 져서 아무 소리(音)도 안 들리고 컴컴하니 어두울 암

暗殺암살 : 몰래 죽이다
暗號암호 : 비밀리에 알 수 있도록 꾸민 기호

暴 ▶

햇볕 쪼일 폭 15획

☀💡 햇볕이 폭포처럼 내리쬐는 폭염이니 햇볕 쪼일 폭

暴炎폭염 : 매우 사나운 더위
暴飮폭음 : 술을 함부로 많이 마심

曜 ▶

빛날 요 18획

☀💡 새(隹) 깃털(羽)이 햇살(日)에 빛나니 빛날 요

曜日요일 : 일주일의 각 날을 나타내는 말

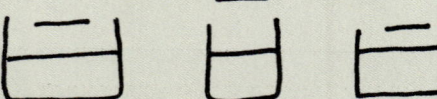

가로 왈 4획

입에서 나오는 소리 모양(⊟)을 본떠서

曰 曰 曰

曲 ▶

굽을 곡 6획　　💡 곡선처럼 굽었으니 굽을 곡

曲藝곡예 : 줄타기, 곡마 등의 연예를 이르는 말
作曲작곡 : 음악을 창작하는 일

更 ▶

다시 갱, 고칠 경 7획　　💡 새롭게 고치니 고칠 경

變更변경 : 다르게 바꾸어 새롭게 고침
更新갱신 : 다시 새로워짐

書 ▶

쓸, 책 서 10획　　💡 말한(曰)것을 붓(聿)으로 쓴 것이 책이니 쓸 서

書畵서화 : 글씨와 그림
遺書유서 : 죽기 전에 유언을 적은 문서

最 ▶

가장 최 12획　　💡 가장 최고를 취하자고(取) 말하니(曰) 가장 최

最初최초 : 맨 처음
最終최종 : 맨 나중

會 ▶

모일 회 13획　　💡 다 모여 회의를 하니 모일 회

開會개회 : 회의를 시작하다
閉會폐회 : 회의를 마치다

 초승달 모양(☾)을 본떠서

달 월 4획

月

달 월 4획 💡 월출봉에 보름달이 뜨니 달 월

月光월광 : 달빛
月出월출 : 달이 나옴

有

있을 유 6획 💡 소유하여 갖고 있으니 있을 유

有罪유죄 : 죄가 있음
有效유효 : 효력이 있음

服

옷 복 8획 💡 몸에 옷을 입으니 옷 복

衣服의복 : 옷
服裝복장 : 옷차림

朗

밝을 랑(낭) 11획 💡 날씨 좋은 날(良)에 달(月)이 밝으니 밝을 랑

朗讀낭독 : 소리를 높여 읽음
明朗명랑 : 유쾌하고 쾌활함

望

바랄 망 11획 💡 왕(王)이 달(月)을 바라보며 소망하니 바랄 망

望鄕망향 : 고향 쪽을 바라보며 그리워함
野望야망 : 분수에 넘치는 야심을 품은 욕망

期

기약할 기 12획 💡 다음 달(月) 그(其) 날 만나기로 기약했으니 기약할 기

期約기약 : 때를 정하여 약속함
延期연기 : 정해진 기한을 뒤로 미루다

朝

아침 조 12획   💡 달(月)이 지면 아침(𠦝)이 밝아오니 아침 조

朝野조야 : 조정과 민간
王朝왕조 : 같은 왕가가 다스리는 시대

木

나무 목 4획

나무의 모양(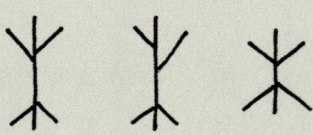)을 본떠서

木

나무 목 4획   💡 거목을 벌목하니 나무 목

巨木거목 : 굵고 큰 나무. 큰 인물
材木재목 : 능력이 있거나 어떤 직위에 합당한 인물

末

끝 말 5획   💡 사물의 끝 부분 끝 말

末葉말엽 : 어떠한 시대의 마지막 부분
週末주말 : 토요일과 일요일

未

아닐 미 5획   💡 나무가 아직 다 자라지 않았으니 아닐 미

未達미달 : 아직 목표점에 이르지 못함
未知미지 : 아직 알지 못함

本

밑 본 5획   💡 나무(木)의 맨 아래 밑(一)은 뿌리인 밑 본

本末본말 : 처음과 나중
本質본질 : 본바탕

朴 ▶ 순박할 박 6획 💡 순박하고 꾸밈이 없으니 순박할 박

質朴질박 : 꾸민 데가 없이 수수하다
素朴소박 : 꾸밈이나 거짓이 없고 수수하다

朱 ▶ 붉을 주 6획 💡 사람(人)이 소(牛)를 잡을 때 붉은 피가 흐르니 붉을 주

印朱인주 : 도장을 찍는 데 쓰는 붉은빛의 재료
朱紅주홍 : 연한 붉은 색

李 ▶ 오얏나무 리 7획 💡 오얏(자두)이 열리는 오얏나무 리

李花이화 : 오얏꽃
行李행리 : 여행할 때 쓰는 물건과 차림. 행장

束 ▶ 묶을 속 7획 💡 나무(木)를 감아서 묶은 모양(口)이니 묶을 속

約束약속 : 남과 앞으로의 일을 미리 정하여 두다
結束결속 : 뜻이 같은 사람끼리 서로 단합함

材 ▶ 재목 재 7획 💡 천재(天才)의 재목(木)이니 재목 재

材木재목 : 목조의 건축물에 쓰는 나무
材料재료 : 물건을 만드는 감

村 ▶ 마을 촌 7획 💡 농촌의 작은 촌락에 사니 마을 촌

村落촌락 : 시골의 작은 마을
農村농촌 : 주민이 농업에 종사하는 지역

果 ▶ 과실 과 8획 💡 밭(田)에 심은 나무(木)에 열리는 열매 과실 과

果敢과감 : 결단성이 있고 용감함
果實과실 : 나무 열매

東 ▶ 동녘 동 8획 💡 해(日)가 동쪽 나무(木) 사이로 뜨니 동녘 동

東西古今동서고금 : 동양과 서양이나, 옛날이나 지금이나
東洋동양 : 아시아의 동부와 남부

林 수풀 림(임) 8획 💡 나무가 우거진 숲 수풀 림
林野임야 : 숲과 들
樹林수림 : 나무숲

松 솔 송 8획 💡 늘 푸른 소나무 솔 송
落葉松낙엽송 : 전나무과의 낙엽 침엽 교목
松花송화 : 소나무의 꽃가루

板 널빤지 판 8획 💡 널빤지는 나무 판자이니 널빤지 판
板刻판각 : 나무판에 그림이나 글씨를 새김
板書판서 : 칠판에 글자를 씀

柳 버들 류(유) 9획 💡 버드나무의 늘어진 버들가지 버들 류
花柳界화류계 : 기생이나 매춘부들의 사회

查 조사할 사 9획 💡 검사하며 조사하니 조사할 사
査察사찰 : 조사하여 살핌
探査탐사 : 알려지지 않은 사물을 샅샅이 조사함

格 격식 격 10획 💡 격에 어울리는 방식 격식 격
性格성격 : 특유한 성질이나 품성
風格풍격 : 풍채와 품격

校 학교 교 10획 💡 책상에서 공부하고 친구와 교제하는 학교 교
登校등교 : 학교에 가다
校正교정 : 교정쇄와 원고를 대조하여 오자 등을 바르게 고침

根 뿌리 근 10획 💡 사물의 밑부분 뿌리 근
根據근거 : 어떤 일에 그 근본이 됨
根絶근절 : 뿌리째 없애버림

1획
2획
3획
4획
5획
6획
7획
8획
9획
10획
11획
12획
13획
14획
15획
16획

案 ▶ 책상 안 10획　💡 책상에 편안히 앉으니 책상 안

案件안건 : 논의하거나 조사하여야 할 사항
草案초안 : 기초로 안을 잡다

核 ▶ 씨 핵 10획　💡 사물의 핵심 부분 씨 핵

核心핵심 : 사물의 중심이 되는 부분
核武器핵무기 : 원자 폭탄 같은 대량 살상 무기

條 ▶ 가지 조 11획　💡 나무의 가는 나뭇가지 가지 조

條件조건 : 정한 약속 사항
信條신조 : 굳게 믿으며 갖고 있는 생각

植 ▶ 심을 식 12획　💡 나무를 심으니 심을 식

植樹식수 : 나무를 심음
移植이식 : 식물 등을 옮겨 심음

極 ▶ 끝 극 13획　💡 끝까지 간 부분 끝 극

極限극한 : 궁극의 한계
極致극치 : 극도에 이른 경지

業 ▶ 업 업 13획　💡 양(羊)을 키우는 직업이니 업 업

業績업적 : 사업이나 연구에서 세운 성과나 공적
卒業졸업 : 학생이 소정의 교과 과정을 마침

構 ▶ 얽을 구 14획　💡 얽어놓은 구조 얽을 구

構圖구도 : 모양, 위치 등의 짜임새
虛構허구 : 없는 일을 사실처럼 꾸며 만듦

榮 ▶ 영화 영 14획　💡 부귀영화를 누리니 영화 영

榮達영달 : 지위가 높고 귀하게 됨
虛榮허영 : 겉만 화려하게 꾸미는 겉치레

1획

2획

4획

3획

5획

6획

7획

8획

9획

10획

11획

12획

13획

14획

15획

16획

模 ▶

법 모 15획 💡 모범이 되는 본보기 법 모

規模규모 : 사물이나 현상의 크기나 범위
模範모범 : 본보기

樂 ▶

풍류 악, 즐길 락(낙) 15획

💡 낙원에서 악기를 연주하며 즐기니 즐길 락

樂園낙원 : 걱정이나 고통도 없고 안락하고 즐거운 곳
樂團악단 : 음악을 연주하는 단체

樣 ▶

모양 양 15획 💡 모양이 다양하니 모양 양

模樣모양 : 겉으로 나타나는 생김새나 모습
樣式양식 : 모양. 격식

標 ▶

표시할 표 15획 💡 나무(木)에 보이(示)게 표시하니 표시할 표

標準표준 : 사물의 정도를 알기 위한 근거나 기준
里程標이정표 : 도로상에서 거리, 방향을 알려 주는 표지

橋 ▶

다리 교 16획 💡 나무다리를 높게 세우니 다리 교

陸橋육교 : 도로 위에 놓은 다리
大橋대교 : 큰 다리

機 ▶

베틀 기 16획 💡 삼베 등 피륙을 짜는 틀 베틀 기

時機시기 : 적당한 때나 기회
機密기밀 : 알려서는 안 될 중요한 비밀

樹 ▶

나무 수 16획 💡 수목을 심으니 나무 수

樹立수립 : 국가나 정부를 이룩하여 세움
街路樹가로수 : 거리에 줄지어 심은 나무

檢 ▶

검사할 검 17획 💡 검사가 수사하니 검사할 검

檢查검사 : 실상을 조사하여 옳고 그름을 판단함
檢討검토 : 내용을 검사하면서 따짐

박달나무 단 17획

💡 단군이 신단수(박달나무) 아래서 고조선을 세우니 박달나무 단

檀君단군 : 환인의 손자이며 환웅의 아들로 우리 민족의 시조
檀紀단기 : 단군기원

권세 권 22획

💡 권력과 위세를 부리니 권세 권

權威권위 : 특정 분야에서 인정을 받는 능력
特權특권 : 특별한 권리

하품하는 모양(𣍨)을 본떠서

하품 흠 4획

버금 차 6획

💡 첫째 다음인 두 번째 버금 차

次例차례 : 나아가는 순서
次席차석 : 수석에 다음가는 자리

노래 가 14획

💡 입을 크게 벌리고 노래하니 노래 가

歌劇가극 : 오페라
歌舞가무 : 노래하고 춤을 추다

탄식할 탄 15획

💡 탄식하며 한탄하니 탄식할 탄

歎息탄식 : 한숨을 쉬며 한탄함
恨歎한탄 : 뉘우치거나 원통한 일로 한숨을 쉬며 탄식함

137

歡 ▶ 기뻐할 환 22획   💡 환호를 하며 기뻐하니 기뻐할 환

歡待환대 : 기쁜 마음으로 대접함
歡喜환희 : 매우 기뻐함

그칠 지 4획

사람의 발 모양(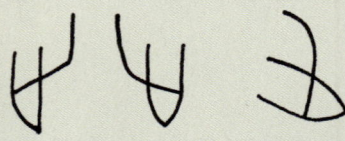)을 본떠서

止 ▶ 그칠 지 4획   💡 정지하고 멈추니 그칠 지

停止정지 : 하고 있던 일을 그만둠
止血지ㄹ : 나오던 피가 멈춤

正 ▶ 바를 정 5획   💡 하나(一)라도 옳지 않으면 그칠(止) 줄 알아야 하니 바를 정

正刻정각 : 바로 그 시각
正統정통 : 바른 계통

步 ▶ 걸음 보 7획   💡 그치거나(止) 덜(少) 가며 보조를 맞추니 걸음 보

步調보조 : 함께 일을 할 때 조화나 진행 속도
步行보행 : 걸어감

武 ▶ 굳셀 무 8획   💡 무사는 싸움을 멈출(止) 줄 알아야 하니 굳셀 무

武術무술 : 무도의 기술
文武문무 : 학문과 무예를 이르는 말

歲 ▶ 해 세 13획  세월은 개(戌)의 걸음(步)처럼 빨리 흐르니 해 세

歲拜세배 : 정초에 웃어른께 인사로 하는 절

歲月세월 : 흘러가는 시간

歷 ▶ 지낼 력 16획 💡 벼(禾) 수확을 그치기(止)까지 지내온 시간 지낼 력

歷任역임 : 여러 직위를 두루 거쳐 지냄

經歷경력 : 겪어 지내 온 여러 가지 일

歸 ▶ 돌아갈 귀 18획 💡 고향으로 돌아가는 귀성길 돌아갈 귀

歸省귀성 : 고향에 돌아가 부모를 뵘

復歸복귀 : 본래 자리로 되돌아감

 뼈다귀의 모양(骨)을 본떠서

죽을사변 4획

死 ▶ 죽을 사 6획 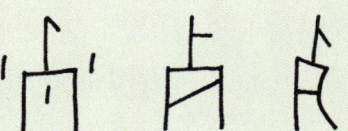 비수(匕)에 맞으면 죽으니(歹) 죽을 사

死境사경 : 죽음에 이른 지경

死守사수 : 목숨을 걸고 지킴

殘 ▶ 잔인할 잔 12획 💡 창(戈)을 들고 싸우며 서로를 잔인하게 죽이니(歹) 잔인할 잔

同族相殘동족상잔 : 같은 겨레끼리 서로 싸우고 죽임

敗殘兵패잔병 : 전쟁에서 져서 살아남은 병사

사면초가
四面楚歌

[뜻] 사방에서 초나라 노래 소리가 들려온다는 뜻으로 적에게 사방이 포위되어 도움을 받을 수 없는 처지에 있음을 나타내는 말이다.

[어휘] 四 : 넉 사 / 面 : 낯 면 / 楚 : 초나라 초 / 歌 : 노래 가

[어순] 주어(四面) + 술어(楚歌)

[유래] 초패왕 항우(項羽)와 한왕 유방(劉邦)은 서로 패권을 장악하려고 5년간의 치열한 전투를 벌였다. 결국 승패의 우열을 가릴 수 없자 양측은 천하를 각각 나눠 갖자고 합의하고 강화조약을 맺었다. 그런데 항우가 동쪽으로 철군하는 도중 해하(垓下)라는 곳에서 한신(韓信)이 이끄는 한군의 기습을 받아 포위되고 말았다. 유방 측이 장량, 진평의 치밀한 계책으로 적의 방심한 틈을 노려 기습하였기 때문이었다.

　대패한 항우의 군대는 병사들도 많이 잃고 군량도 바닥이 났다. 그런데 그때 마침 달밤에 사방에서 구슬픈 노래 소리가 들려왔다. 군사들이 귀 기울여 들어보니 초나라의 노래였다. 주로 농민들로 구성된 초나라 병사들은 꿈에도 그리운 고향의 정겨운 노래 소리가 들려오니 고향에 두고 온 부모형제가 생각나서 바로 전의를 상실하고 탈영자가 속출하였다. 이와 같은 대세를 알아차린 항우는 놀라며 절규했다.

　"초나라가 이미 한나라에게 넘어갔단 말인가? 아아! 온통 초나라 사람들의 노래 소리뿐이로구나!"

　그날 밤 겨우 800여 명의 기마병을 이끌고 가까스로 탈출한 항우는 한군과 분전했지만 병사들을 다 잃고 말았다. 항우는 강동(江東)의 고향땅을 앞에 둔 강가에서 자신의 신세를 한탄하며 31세의 나이로 스스로 목을 베어 자결하였다. 천하를 제패하려 했던 용맹한 항우도 결국 최후를 맞이하고 말았다.

殳 갖은등글월 문 4획

병기를 들고 있는 모양()을 본떠서

段 ▶

구분 단 9획 💡 단계별로 구분하니 구분 단

段階단계 : 과정. 순서
段落단락 : 글의 내용상 일단 끊어지는 자리

殺 ▶

죽일 살 11획 💡 나무(木)를 베듯(乂) 탁(·) 쳐서(殳) 죽이니 죽일 살

殺害살해 : 사람을 죽임
殺菌살균 : 병균을 죽임

毋 말 무 4획

母(모)의 다른 글자 모양으로 (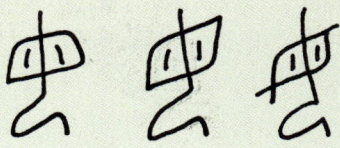)

母 ▶

어미 모 5획 💡 모성애로 가득찬 어미니 어미 모

父**母**부모 : 아버지와 어머니
生**母**생모 : 친어머니

每 ▶

매양 매 7획　　💡 어머니(母)가 매일 자식 걱정을 하니 매양 매

每日매일 : 하루하루
每番매번 : 번번이

毒 ▶

독 독 8획　　💡 주인(主)이 음식에 독이 있다고 먹지 말라(毋) 하니 독 독

毒藥독약 : 독성을 가진 약제
解毒해독 : 독성 물질의 작용을 없앰

견줄 비 3, 4획

두 사람의 모양(𠤎)을 본떠서

比 ▶

견줄 비 4획　　💡 서로 비교하며 견주어보니 견줄 비

對比대비 : 두 가지의 차이를 비교함
比重비중 : 다른 것과 비교할 때 중요성의 정도

142

털의 모양(🌿)을 본떠서

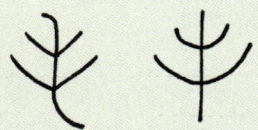

毛 털 모 4획 💡탈모증으로 털이 빠지니 털 모

毛髮**모발** : 사람의 머리털
脫毛**탈모** : 털이 빠짐

毫 가는 털 호 11획 💡가장 높게(高) 난 털(毛)이 가느다라니 가는 털 호

秋毫**추호** : 가을철에 털갈이를 한 짐승의 가는 털처럼 매우 작은 것을 비유하는 말

식물 뿌리의 모양(✍)을 본떠서

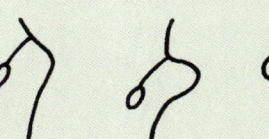

氏 성 씨 4획 💡씨족은 성씨가 같으니 성 씨

氏族**씨족** : 겨레. 족속
姓氏**성씨** : 성을 높여 이르는 말

民 ▶ 백성 민 5획　💡 국민은 나라의 백성이니 백성 민

民俗민속 : 백성의 풍속
民衆민중 : 다수의 국민

气
기운 기 4획

구름이 흘러가는 모양(三)을 본떠서

三　三　三

氣 ▶ 기운 기 10획　💡 밥(米)을 먹어 기운(气)이 나니 기운 기

氣候기후 : 기온, 비, 눈 등의 대기(大氣) 상태
景氣경기 : 매매나 거래 등의 경제 활동 상태

水
물 수 3, 4획

물이 굽이쳐 흐르는 모양(水)을 본떠서

水 ▶ 물 수 4획　💡 홍수가 난 수해지역 물 수

水路수로 : 뱃길
水害수해 : 홍수로 인한 재해

氷 ▶ 얼음 빙 5획　💡 물이 얼면 얼음이 되니 얼음 빙
氷山빙산 : 빙하에서 떨어져 나온 얼음덩어리
結氷결빙 : 물이 얼다

永 ▶ 길 영 5획　💡 물줄기는 길고 기니 길 영
永生영생 : 영원히 삶
永遠영원 : 끝없이 길고 오램

求 ▶ 구할 구 7획　💡 사막에선 물을 구하기 힘드니 구할 구
求愛구애 : 이성의 사랑을 구함
求婚구혼 : 혼처를 구함

江 ▶ 강 강 6획　💡 강은 큰 물줄기이니 강 강
江村강촌 : 강가의 마을
江湖강호 : 강과 호수. 세상. 속세

決 ▶ 정할 결 7획　💡 결승전이 정해지니 정할 정
決定결정 : 결단하여 작정함
判決판결 : 시비 등을 판단하여 결정함

汽 ▶ 김 기 7획　💡 김은 증기이니 김 기
汽車기차 : 여객차를 끌고 다니는 철도 차량
汽船기선 : 증기 기관의 동력으로 움직이는 배

法 ▶ 법 법 8획　💡 물(氵) 흘러가는(去) 듯한 순리, 법칙 법 법
法律법률 : 법
法庭법정 : 재판을 하는 곳

油 ▶ 기름 유 8획　💡 물과 기름이 섞이지 않으니 기름 유
油田유전 : 석유가 나는 곳
燈油등유 : 등불에 쓰는 기름

1획

2획

3획

4획

5획

6획

7획

8획

9획

10획

11획

12획

13획

14획

15획

16획

注 ▶

쏟을 주 8획　💡 주인이 물을 대니 쏟을 주

注目주목 : 주의하여 보다
注意주의 : 경계하다

泉 ▶

샘 천 9획　💡 물이 샘에서 솟아나니 샘 천

溫泉온천 : 뜨거운 물이 솟아 나오는 샘
黃泉황천 : 저승

治 ▶

다스릴 치 8획　💡 국가를 다스려 통치하니 다스릴 치

治下치하 : 지배 하
統治통치 : 나라를 다스림

波 ▶

물결 파 8획　💡 수면에 파문이 이니 물결 파

波動파동 : 물결의 움직임
人波인파 : 수많은 사람

河 ▶

강 하 8획　💡 물이 흐르는 하천 강 하

山河산하 : 산천
河川하천 : 강과 시내

況 ▶

상황 황 8획　💡 형님(兄)의 근황을 물으니 상황 황

近況근황 : 최근의 상황
狀況상황 : 일의 과정이나 형편

洞 ▶

마을 동 9획　💡 냇물(氵)을 공동(同)으로 사용하는 마을 동

洞庭湖동정호 : 중국 호남성의 바다처럼 큰 호수
洞窟동굴 : 깊고 넓은 큰 굴

洗 ▶

씻을 세 9획　💡 물(氵)로 먼저(先) 손을 씻으니 씻을 세

洗手세수 : 얼굴을 씻음
洗禮세례 : 모든 죄악을 씻는 표시로 베푸는 의식

洋 ▶ 바다 양 9획　🔅 양떼 같은 바다 물결 바다 양
大洋**대양** : 넓고 큰 바다
洋服**양복** : 서양식 의복

派 ▶ 물갈래 파 9획　🔅 여러 유파로 갈라지니 물갈래 파
派兵**파병** : 군대를 파견함
派生**파생** : 사물이 갈려 나와 생김

活 ▶ 살 활 9획　🔅 수천(千) 명이 물(氵)을 먹고(口) 사니 살 활
活氣**활기** : 활발한 기운. 생기
復活**부활** : 죽었다가 다시 살아남

流 ▶ 흐를 류 10획　🔅 물이 유수와 같이 흐르니 흐를 류
流配**유배** : 죄인을 귀양 보내는 형벌
流行**유행** : 생활양식이 일시적으로 널리 퍼짐

消 ▶ 사라질 소 10획　🔅 물 쓰듯 소비하니 사라질 소
消息**소식** : 동정. 안부
取消**취소** : 계획 등을 없었던 것으로 함

浴 ▶ 목욕할 욕 10획　🔅 계곡(谷)물로 목욕하니 목욕할 욕
浴室**욕실** : 목욕하는 방
日光浴**일광욕** : 온몸을 햇볕에 쬠

海 ▶ 바다 해 10획　🔅 강물은 매일(每) 바다로 흐르니 바다 해
海物**해물** : 바다에서 나는 것
海邊**해변** : 바닷가

深 ▶ 깊을 심 11획　🔅 물이 깊으니 깊을 심
深刻**심각** : 아주 깊고 절실함
深夜**심야** : 한밤중

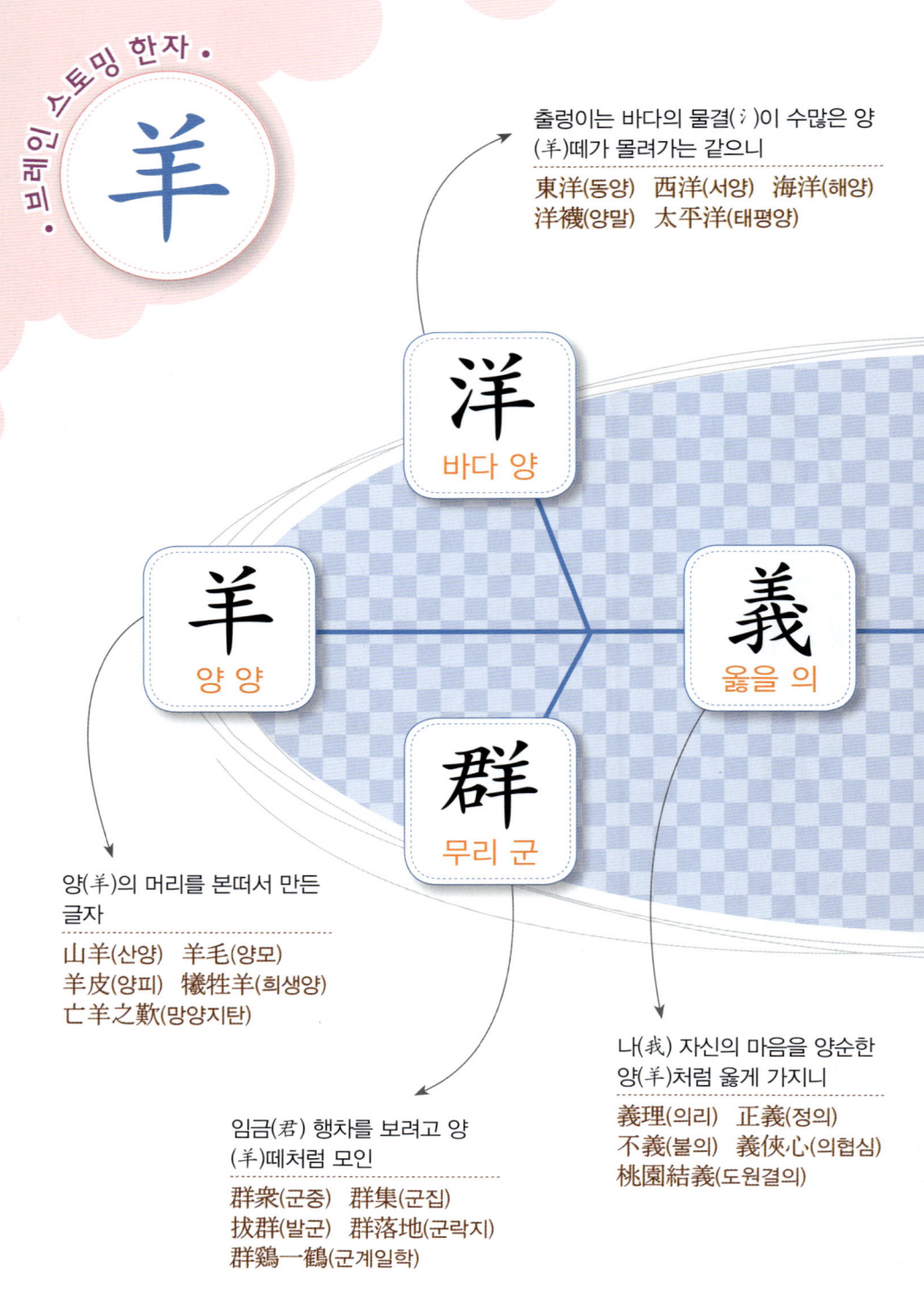

프레인 스토밍 한자

羊

출렁이는 바다의 물결(氵)이 수많은 양
(羊)떼가 몰려가는 같으니

東洋(동양) 西洋(서양) 海洋(해양)
洋襪(양말) 太平洋(태평양)

洋
바다 양

羊
양 양

義
옳을 의

群
무리 군

양(羊)의 머리를 본떠서 만든
글자

山羊(산양) 羊毛(양모)
羊皮(양피) 犧牲羊(희생양)
亡羊之歎(망양지탄)

임금(君) 행차를 보려고 양
(羊)떼처럼 모인

群衆(군중) 群集(군집)
拔群(발군) 群落地(군락지)
群鷄一鶴(군계일학)

나(我) 자신의 마음을 양순한
양(羊)처럼 옳게 가지니

義理(의리) 正義(정의)
不義(불의) 義俠心(의협심)
桃園結義(도원결의)

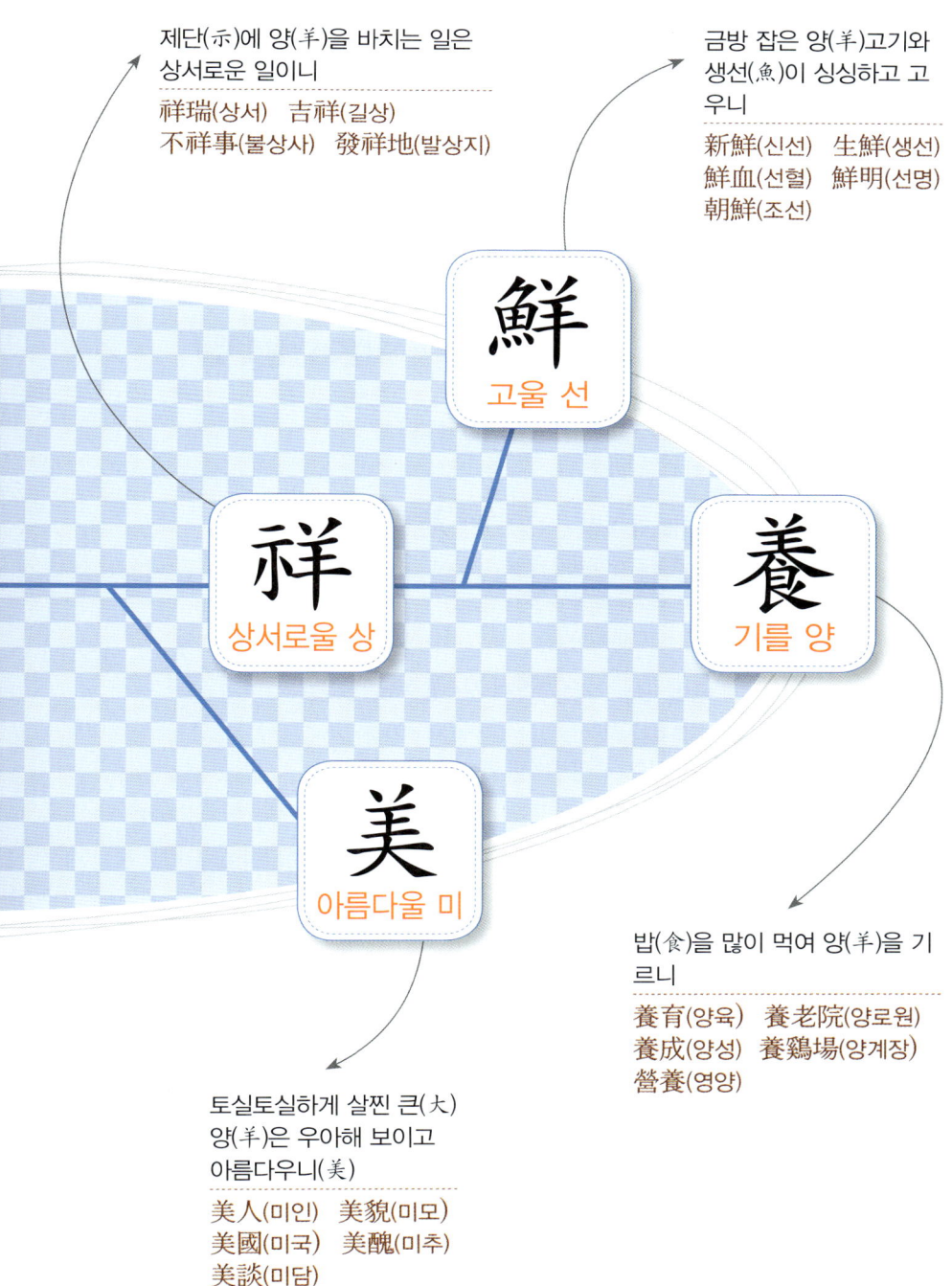

제단(示)에 양(羊)을 바치는 일은 상서로운 일이니

祥瑞(상서) 吉祥(길상)
不祥事(불상사) 發祥地(발상지)

금방 잡은 양(羊)고기와 생선(魚)이 싱싱하고 고우니

新鮮(신선) 生鮮(생선)
鮮血(선혈) 鮮明(선명)
朝鮮(조선)

鮮
고울 선

祥
상서로울 상

養
기를 양

美
아름다울 미

밥(食)을 많이 먹여 양(羊)을 기르니

養育(양육) 養老院(양로원)
養成(양성) 養鷄場(양계장)
營養(영양)

토실토실하게 살찐 큰(大) 양(羊)은 우아해 보이고 아름다우니(美)

美人(미인) 美貌(미모)
美國(미국) 美醜(미추)
美談(미담)

混 ▶ 섞을 혼 11획 　💡 혼잡하여 혼란스러우니 섞을 혼

混亂혼란 : 뒤섞여 어지러움
混血혼혈 : 서로 다른 종족과의 혼인에 의해서 양쪽의 혈통이 섞임

液 ▶ 즙 액 11획 　💡 즙은 액체이니 즙 액

液體액체 : 물처럼 유동하는 물체
血液혈액 : 피

清 ▶ 맑을 청 11획 　💡 물이 푸르게(靑) 맑으니 맑을 청

清潔청결 : 맑고 깨끗함
清掃청소 : 더러운 것을 치워 깨끗이 함

減 ▶ 줄어들 감 12획 　💡 물이 줄어드니 줄어들 감

節減절감 : 아끼어 줄임
減少감소 : 줄어서 적어짐

測 ▶ 잴 측 12획 　💡 물의 깊이를 재니 잴 측

測量측량 : 높이, 깊이 등을 재서 계산함
豫測예측 : 미리 헤아려 짐작함

港 ▶ 항구 항 12획 　💡 배가 드나드는 바다마을(巷) 항구 항

港口항구 : 배가 드나들고 머무는 곳
開港개항 : 통상을 목적으로 항구를 개방하다

湖 ▶ 호수 호 12획 　💡 호수에 달(月)이 비치니 호수 호

湖水호수 : 큰 못
江湖강호 : 강과 호수, 세상, 속세

溫 ▶ 따뜻할 온 13획 　💡 보온병의 물이 따뜻하니 따뜻할 온

溫順온순 : 성질이 온화하고 양순함
體溫체온 : 동물체의 몸의 온도

1획
2획
4획
5획
6획
7획
8획
9획
10획
11획
12획
13획
14획
15획
16획

源 ▶ 근원 원 13획 　💡 발원지에서 물이 흘러나오니 근원 원

源泉원천 : 사물의 근원
發源발원 : 흐르는 물줄기가 처음 생김

準 ▶ 평평할 준 13획 　💡 물의 수면이 평평하니 평평할 준

水準수준 : 사물의 어느 일정한 표준이나 정도
準備준비 : 미리 마련하여 갖춤

滿 ▶ 찰 만 14획 　💡 가득 차서 만족하니 찰 만

豊滿풍만 : 풍족하여 그득하다
滿發만발 : 꽃이 활짝 다 핌

漁 ▶ 고기 잡을 어 14획
　💡 어부가 물에서 고기를 잡으니 고기 잡을 어

漁夫어부 : 물고기 잡는 일이 직업인 사람
漁船어선 : 고깃배

演 ▶ 펼 연 14획 　💡 연기를 펼치니 펼 연

講演강연 : 청중에게 강의 형식으로 말함
演說연설 : 대중 앞에서 주장이나 의견을 진술함

漢 ▶ 한나라 한 14획 　💡 한족의 글자는 한자이니 한나라 한

漢藥한약 : 한방에서 쓰는 약
門外漢문외한 : 전문적인 지식이 없는 사람

潔 ▶ 깨끗할 결 15획 　💡 물이 깨끗하니 깨끗할 결

潔白결백 : 아무런 허물이 없다
純潔순결 : 더러움이 없이 깨끗함

潮 ▶ 조수 조 15획 　💡 아침(朝)에 바닷물(氵)이 차오르니 조수 조

潮流조류 : 시대 흐름의 경향
風潮풍조 : 시대에 따라 변하는 세태

激 ▶ 물결 부딪칠 격 16획

💡 파도에 흰(白) 물보라가 흩어지니 물결 부딪칠 격

感激감격 : 크게 감동함
激烈격렬 : 매우 맹렬함

濟 ▶ 구제할 제 17획

💡 물(氵)에 빠진 자들을 일제히(齊) 구해주니 구제할 제

經濟경제 : 재화를 생산, 분배, 소비하는 활동
救濟구제 : 재해나 어려움에 빠진 사람을 구하여 줌

불 화 4획

불이 타는 모양()을 본떠서

火 ▶ 불 화 4획

💡 불에 데어 화상을 입으니 불 화

火傷화상 : 불에 데어 상함
火災화재 : 불로 인한 재앙

灰 ▶ 재 회 6획

💡 불이 탄 후 재가 남으니 재 회

石灰석회 : 탄산칼슘
灰色회색 : 잿빛

災 ▶ 재앙 재 7획

💡 화재(火)나 홍수(巛-川) 같은 재앙 재

災難재난 : 재앙
災害재해 : 재앙으로 인한 피해

炭 ▶

석탄 탄 9획

💡 탄광에서 석탄을 캐니 석탄 탄

石炭석탄 : 흑색이나 갈색의 가연성 광물질
炭鑛탄광 : 석탄이 나는 광산

烈 ▶

세찰 렬 10획

💡 불이 열화와 같이 세차니 세찰 렬

烈火열화 : 맹렬히 타는 불
壯烈장렬 : 의기가 씩씩하고 열렬하다

無 ▶

없을 무 12획

💡 불이 나서 다 타고 없으니 없을 무

無窮무궁 : 한이 없음
無視무시 : 업신여김

然 ▶

그러할 연 12획

💡 개(犬)고기(月=肉)를 불(火)에 당연히 구워 먹어야 하니 그러할 연

然後연후 : 그런 뒤
果然과연 : 아닌 게 아니라 정말로

煙 ▶

연기 연 13획

💡 불이 나서 연기가 나니 연기 연

禁煙금연 : 담배를 끊다
吸煙흡연 : 담배를 피우다

熱 ▶

더울 열 15획

💡 열기가 뜨거워 더우니 더울 열

熱辯열변 : 열렬하게 사리를 밝히고 옳고 그름을 따지다
熱情열정 : 열중하는 마음

燈 ▶

등잔 등 16획

💡 올라가서(登) 불(火)을 붙이니 등잔 등

街路燈가로등 : 길가를 따라 설치해 놓은 등
電燈전등 : 전기로 빛을 내는 등

燃 ▶

사를 연 16획

💡 불에 타서 연소되니 사를 연

燃料연료 : 열 등의 에너지를 얻고자 연소시키는 재료
燃燈會연등회 : 등불을 밝혀 석가의 탄신을 축하하는 의식

營 ▶ 다스릴 영 17획   💡 궁(宮)에 불(火)을 밝히고 다스리니 다스릴 영
營利영리 : 이득을 꾀함
營業영업 : 사업을 경영함

爆 ▶ 터질 폭 19획   💡 폭탄이 터져 불(火)길이 사나우니(暴) 터질 폭
爆笑폭소 : 갑자기 터져 나오는 웃음
爆破폭파 : 폭발물을 써서 파괴함

손톱 조 4획

손가락이나 손톱의 모양( )을 본떠서

爭 ▶ 다툴 쟁 8획   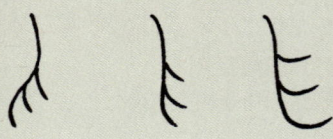 💡 서로 쟁취하려고 다투니 다툴 쟁
爭奪쟁탈 : 서로 빼앗으려고 다툼
競爭경쟁 : 이기거나 앞서려고 서로 겨룸

爲 ▶ 할 위 12획   💡 당위성있는 행위 할 위
當爲당위 : 마땅히 있어야 하는 것
行爲행위 : 사람의 모든 행동이나 동작

기본 상식 고사성어 뜯어보기!

새옹지마
塞翁之馬

[뜻] 변방에 사는 늙은이의 말이란 뜻으로 세상만사는 변화무쌍하여 예측할 수 없다는 것을 이르는 말이다.

[어휘] 塞 : 변방 새 / 翁 : 늙은이 옹 / 之 : 어조사(~의) 지 / 馬 : 말 마

[어순] 수식어(塞翁) + 관형격 어조사(之) + 피수식어(馬)

[유래] 옛날 중국 북방의 국경 부근에 점을 잘 치는 늙은이가 살고 있었다. 어느 날 노인의 말이 갑자기 북방의 오랑캐 땅으로 달아나 버렸다. 남쪽에선 배가 유일한 교통수단으로 중요하듯이 북방에서는 말이 중요한 교통수단이자 재산이었다. 그래서 마을 사람들은 노인이 딱하게 되었다고 측은히 여기면서 찾아와서 위로를 하였다. 그러나 노인은 걱정하는 얼굴빛이 전혀 없이 말했다.

"말을 잃은 것이 반대로 복이 될지도 모르오. 세상만사가 다 그런 것 아니겠소?"

그 후로 몇 달이 지난 어느 날, 달아났던 노인의 말이 오랑캐 땅에서 준마 한 마리와 같이 돌아왔다. 마을 사람들은 찾아와서 말이 뜻밖에 생긴 것을 축하해주었다. 그러나 노인은 전혀 기뻐하는 기색이 없이 말했다.

"이것이 되려 화근이 될지 어찌 알겠소?"

얼마 후 말 타기를 좋아하는 노인의 아들이 말을 타다가 낙마하여 다리가 부러져 불구자가 되고 말았다. 마을 사람들은 노인을 또 찾아와서 아들의 사고를 위로해주었다. 그러자 노인은 태연스럽게 말했다.

"누가 또 알겠소? 이것이 또 행운이 될지 말이오."

1년 후 오랑캐가 쳐들어와서 모든 청년들이 전쟁터로 나갔는데 거의 다 전사하였다. 다행히 노인의 아들은 불구자였기 때문에 전쟁에 나가지 않아 목숨을 보전할 수 있었다.

손에 돌도끼를 잡은 모양(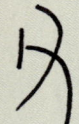)을 본떠서

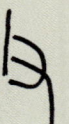

父 아비 부 4획

아비 부 4획 ▶

💡아버지의 아버지는 조부 아비 부

父親부친 : 아버지
代父대부 : 영향력이 가장 큰 남자 지도자

木을 반으로 가른 우측 모양 (片)

片 조각 편 4획

조각 편 4획 ▶

💡파편 조각 조각 편

片肉편육 : 얇게 저민 수육
破片파편 : 깨어지거나 부서진 조각

版 ▶

인쇄할 판 8획

💡나무 조각(片)을 뒤집어서(反) 인쇄하니 인쇄할 판

版圖판도 : 한 나라의 영토
出版출판 : 서적을 인쇄하여 세상에 내놓음

1획
2획
3획
4획
5획
6획
7획
8획
9획
10획
11획
12획
13획
14획
15획
16획

어금니가 교차된 모양(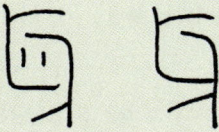)을 본떠서

牙

어금니 **아** 4획 💡 치아의 총칭 어금니 아

齒牙치아 : 이
象牙상아 : 코끼리의 엄니

소머리의 모양(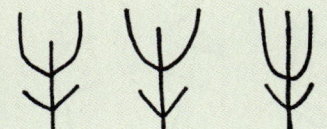)을 본떠서

牛

소 **우** 4획 💡 견우와 직녀가 소를 타고 가니 소 우

牛乳우유 : 소의 젖
牛耳讀經우이독경 : 소귀에 경 읽기

牧

기를 **목** 8획 💡 소(牛)를 치며(攵) 기르니 기를 목

牧民목민 : 백성을 다스림
放牧방목 : 가축을 놓아기르는 일

157

物

만물 물 8획 💡 소가죽으로 여러 물건을 만드니 물건 물
物價물가 : 물건 값
物情물정 : 세상 돌아가는 형편

特

유다를 특 10획 💡 소 떼 중 유달리 특출하니 유다를 특
特異특이 : 보통과 아주 다름
特惠특혜 : 특별한 혜택

犭

개의 입, 긴 꼬리의 모양(犭)을 본떠서

개 견 3, 4획

犬

개 견 4획 💡 큰(大) 점(·)이 있는 강아지 개 견
犬馬之勞견마지로 : 남을 위하여 애쓰는 자기 노력의 겸칭
鬪犬투견 : 싸움을 시키기 위하여 기르는 개

犯

범할 범 5획 💡 범인이 죄를 범하니 범할 범
犯罪범죄 : 죄를 지음
侵犯침범 : 남의 나라를 쳐들어가 해침

狀 ▶ 형상 상 8획 💡 개(犬)가 평상(爿) 밑에 잠자는 모양 형상 상

狀況상황 : 일의 과정이나 형편
賞狀상장 : 상을 주는 증서

獨 ▶ 홀로 독 16획 💡 개(犭)는 홀로 집을 지키니 홀로 독

獨斷독단 : 제멋대로 정함
獨善독선 : 자기만이 옳다고 믿고 행동하는 일

犬

개(犬)고기(月=肉)를 불(火)에 당연히
구워 먹어야 하니

果然(과연)　自然(자연)　當然(당연)
必然(필연)　突然(돌연)

然
그러할 연

犬
개 견

器
그릇 기

哭
울 곡

개의 모양을 본떠서 만든 글자

愛犬(애견)　愛玩犬(애완견)
鬪犬(투견)　狂犬病(광견병)
犬猿之間(견원지간)

개(犬)가 짖어대는 것처
럼 큰 소리(ㅁㅁ)로 울어
대는 모양

痛哭(통곡)　哭聲(곡성)
大聲痛哭(대성통곡)

여러 명(ㅁ)이 개(犬) 고
기를 그릇(器)에 담아 먹
는(ㅁ) 모양

食器(식기)　武器(무기)
樂器(악기)　器物(기물)
大器晩成(대기만성)

160

두 마리의 개(犭, 犬)가 짖
어대듯 하는 송사(訟事)
건을 판결(言)하니

監獄(감옥) 地獄(지옥)
投獄(투옥) 獄死(옥사)
煉獄(연옥)

개 구멍(穴)에서 개(犬)가
느닷없이 나오는 모양

突然(돌연) 突發(돌발)
突出(돌출) 衝突(충돌)
猪突的(저돌적)

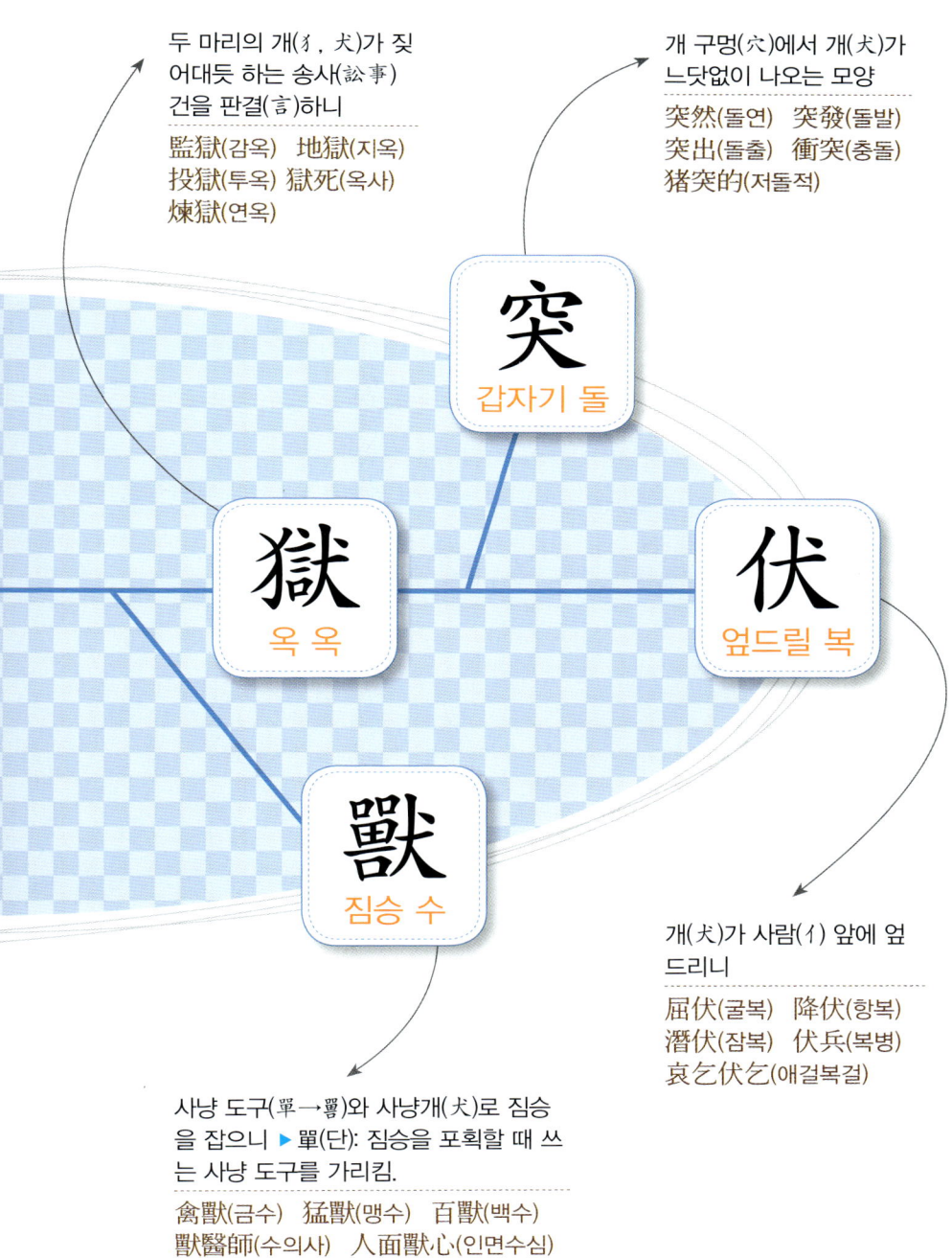

突
갑자기 돌

獄
옥 옥

伏
엎드릴 복

獸
짐승 수

개(犬)가 사람(亻) 앞에 엎
드리니

屈伏(굴복) 降伏(항복)
潛伏(잠복) 伏兵(복병)
哀乞伏乞(애걸복걸)

사냥 도구(單→罒)와 사냥개(犬)로 짐승
을 잡으니 ▶ 單(단): 짐승을 포획할 때 쓰
는 사냥 도구를 가리킴.

禽獸(금수) 猛獸(맹수) 百獸(백수)
獸醫師(수의사) 人面獸心·(인면수심)

玄
검을 현 5획

매달아놓은 실타래의 모양(⚬)을 본떠서

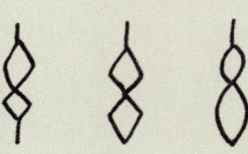

玄 ▶
검을 현 5획 💡 거무스름한 현미밥 검을 현

玄妙현묘 : 심오하고 미묘함
玄米현미 : 벼의 겉껍질만 벗겨 낸 쌀

率 ▶
거느릴 솔, 비율 률 11획 💡 10(十)명을 인솔하니 거느릴 솔

引率인솔 : 여러 사람을 이끌고 감
能率능률 : 일정한 시간에 할 수 있는 일의 비율

玉
구슬 옥 4, 5획

옥들을 꿰어놓은 모양(⚭)을 본떠서

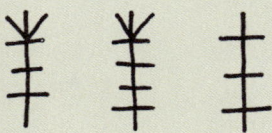

王 ▶
임금 왕 4획 💡 왕국의 국왕 임금 왕

王宮왕궁 : 왕의 궁전
王座왕좌 : 임금의 자리

162

玉 ▶

구슬 옥 5획　💡 옥색의 구슬 구슬 옥

玉座옥좌 : 임금의 자리
玉體옥체 : 임금 몸의 경칭

珍 ▶

보배 진 9획　💡 진귀한 구슬 보배 진

山海珍味산해진미 : 산과 바다의 진귀한 재료로 만든 맛이 좋은 음식
珍貴진귀 : 보배롭고 귀중함

班 ▶

나눌 반 10획　💡 칼(刂-刀)로 옥(玉-王)을 둘로 가르니 나눌 반

班列반열 : 품계나 신분, 등급 등의 차례
兩班양반 : 조선시대 지체나 신분이 높은 상류계급 사람. 사대부

球 ▶

공 구 11획　💡 둥근 구슬(王)을 구하니(求) 공 구

地球지구 : 인류가 살고 있는 천체
氣球기구 : 수소 등 가벼운 기체를 넣어서 공중에 띄우는 물건

理 ▶

다스릴 리 11획　💡 왕(王)이 마을(里)을 다스리니 다스릴 리

理性이성 : 사물을 바르게 판단하는 능력
理致이치 : 사물의 정당한 도리

現 ▶

나타날 현 11획　💡 없어졌던 구슬(王)이 보이니(見) 나타날 현

現象현상 : 눈에 보이는 모습
實現실현 : 실제로 나타나거나 이루어짐

環 ▶

고리 환 17획　💡 고리처럼 둥근 화환 고리 환

環境환경 : 주위의 사물
花環화환 : 생화나 조화로 둥글게 만든 물건

기와가 맞물려 있는 모양(🦴)을 본떠서

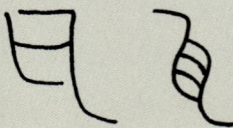

기와 와 5획

瓦屋와옥 : 기와로 지붕을 인 집
瓦解와해 : 조직이나 계획이 산산이 무너지고 흩어짐

병 병 11획

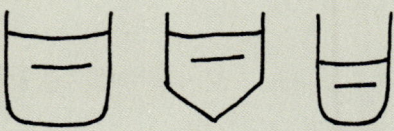

花瓶화병 : 꽃병
保溫瓶보온병 : 일정한 온도를 유지하는 장치가 되어 있는 물병

입 안에 음식물을 머금은 모양(🛡)을 본떠서

달 감 5획

달 감 5획

甘受감수 : 어려운 상황이나 고통을 달게 받아들임
甘言利說감언이설 : 사탕발림. 속임수. 귀가 솔깃하게 남을 꾀는 말

심할 심 9획   🔅 너무 심할 정도로 다니(甘) 심할 심

甚至於심지어 : 심하게는. 더욱 심하다 못하여 나중에는

極甚극심 : 매우 심하다

새싹이 땅 위로 자라나온 모양(㞢)을 본떠서

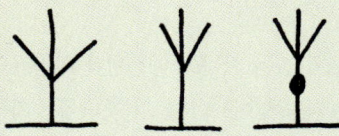

날 생 5획

날 생 5획   🔅 한 생명이 태어나니 날 생

生命생명 : 목숨

生態생태 : 생물의 생활 상태

낳을 산 11획   🔅 애를 출산하니 낳을 산

産苦산고 : 아이를 낳을 때의 고통

遺産유산 : 죽은 사람이 남겨 놓은 재산

삼고초려
三顧草廬

[뜻]　초가집을 세 번 찾아간다는 뜻으로 인재를 얻기 위해 수고스러움을 마다하지 않음을 나타내는 말이다.

[어휘]　三 : 석 삼 / 顧 : 돌아볼 고 / 草 : 풀 초 / 廬 : 풀집 려

[어순]　부사어(三) + 술어(顧) + 목적어(草廬)

[유래]　후한(後漢) 말엽, 한(漢)나라는 환관들의 전횡과 황건적의 난 등으로 사직이 바람 앞의 등불처럼 위태로운 지경에 이르렀다. 각 지역에서 자칭 국가의 위기를 바로잡겠다는 미명아래 각 군웅들이 들고 일어났다. 훗날 위(魏)를 세운 조조(曹操), 오(吳)를 세운 손권(孫權) 등이 각기 세력을 규합하여 힘의 중심을 이루고 있을 때, 이제 갓 군사를 일으킨 유비(劉備)는 아직 근거지조차 마련치 못 하고 작은 고을에서 간신히 자리 잡고 있었다.

　당시 유비는 관우(關羽), 장비(張飛), 조자룡(趙子龍) 등 일당백의 용맹한 장수들이 있었다. 그러나 군을 통솔하고 치밀한 전략을 짜서 전쟁을 승리로 이끌 유능한 군사가 없는 터라 조조와의 전투에서 늘 고전하고 있었다. 유비는 군사를 모시려고 여기저기 수소문 한 결과, 초야에 묻혀 은둔생활을 하고 있지만 지략이 뛰어나기가 주(周)나라를 800년간 흥성하게 했다는 강태공(姜太公), 한나라의 장자방(張子房－張良)과 견줄 수 있다는 책략가를 드디어 찾아냈다. 그가 바로 제갈량(諸葛亮)이었다.

　유비는 관우와 장비를 데리고 설레는 마음으로 제갈량의 초옥을 찾아갔다. 공교롭게도 마침 제갈량이 집에 없었다. 그 다음에 유비 일행은 또 초옥을 찾아갔으나 제갈량은 산수 유람차 출타 중이었다. 유비는 세 번째는 관우와 장비의 만류에도 포기하지 않고 제갈량을 찾아갔다. 제갈량은 유비의 열의와 정성에 감동하여 기꺼이 군사가 되었다.

　훗날 유비는 제갈량의 책략으로 촉한(蜀漢)을 세웠고 조조, 손권과 함께 중원의 삼각구도의 한 축으로서 패권을 장악하였다.

用
쓸 용 5획

나무통의 모양(🕮)을 본떠서

用 ▶
쓸 용 5획 💡 쓰이는 용도가 있으니 쓸 용
登用등용 : 인재를 뽑아서 씀
採用채용 : 사람을 골라서 씀

田
밭 전 5획

논두렁의 모양(🕮)을 본떠서

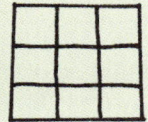 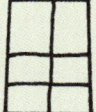 

田 ▶
밭 전 5획 💡 사각으로 구획진 논밭 밭 전
田園전원 : 시골. 교외
大田대전 : 충청도의 중앙에 있는 광역시

甲 ▶
갑옷 갑 5획 💡 철갑을 두른 갑옷 갑옷 갑
甲富갑부 : 첫째가는 큰 부자
回甲회갑 : 예순한 살을 이르는 말

1획

2획

3획

4획

5획

6획

7획

8획

9획

10획

11획

12획

13획

14획

15획

16획

申

아뢸 신 5획　💡 신고하여 알리니 아뢸 신

申告신고 : 관공서 등에 일정한 사실을 알리다
申請신청 : 신고하여 청구함

由

까닭 유 5획　💡 유래된 까닭이 있으니 까닭 유

理由이유 : 까닭이나 근거
由來유래 : 사물의 내력

男

사내 남 7획　💡 남자가 힘써 밭일을 하니 사내 남

長男장남 : 맏아들
得男득남 : 아들을 낳음

界

지경 계 9획　💡 밭과 밭 사이에 경계가 있으니 경계 계

境界경계 : 지역이 구분되는 한계
限界한계 : 능력이 미치는 범위

留

머무를 류(유) 10획　💡 외국에 유학 가서 거류하니 머무를 류

留保유보 : 멈추어 두고 보존함
留意유의 : 마음에 둠

略

줄일 략(약) 11획　💡 밭(田)을 각각(各) 나눠 줄여가지니 줄일 략

略圖약도 : 간략하게 그린 도면
省略생략 : 전체에서 일부를 줄이거나 뺌

異

다를 이 11획　💡 밭(田)에 다른 곡물을 함께(共) 재배하니 다를 이

異域이역 : 외국의 땅
判異판이 : 모양, 상태가 아주 다르다

番

차례 번 12획　💡 차례대로 당번을 하니 차례 번

番號번호 : 차례를 나타내는 숫자
順番순번 : 차례대로 돌아가는 순서

그림 화 12획

 화가가 붓(聿)으로 그림을 그리니 그림 화

畫壇화단 : 화가들의 사회
壁畫벽화 : 벽에 그린 그림

마땅할 당 13획

마땅히 담당해야 하니 마땅할 당

當時당시 : 그때
當爲당위 : 당연히 해야 할 일

짝 필 5획

발의 모양()을 본떠서

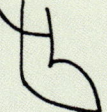

트일 소 12획

소원한 사이를 터주니 트일 소

疏遠소원 : 지내는 사이가 거리가 있어서 서먹서먹함
疏通소통 : 뜻이 서로 통함

의심할 의 14획

용의자를 의심하니 의심할 의

容疑者용의자 : 범죄 행위를 의심을 받아 수사의 대상에 오른 사람
疑問의문 : 의심스럽게 생각함

病질엄 5획

침대에서 땀을 흘리는 모양(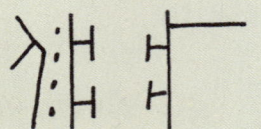)을 본떠서

병 병 10획 　🔅 **병원에서 간병하니 병 병**

病蟲害병충해 : 농작물이 병과 해충으로 입은 피해
病院병원 : 환자를 진찰, 치료하는 곳

피곤할 피 10획 　🔅 **병(疒)으로 낯가죽(皮)이 피곤해 보이니 피곤할 피**

疲困피곤 : 몸이나 마음이 지치어 고달픔
疲勞피로 : 피곤함

아플 통 12획 　🔅 **병 증상이 솟아오르면(甬) 아프니 아플 통**

苦痛고통 : 괴로움과 아픔
痛快통쾌 : 아주 기분이 좋음

170

필발머리 5획

두 발의 모양(癶)을 본떠서

오를 등 12획 💡 등반대가 산에 오르니 오를 등

登壇등단 : 문단(文壇) 등에 처음으로 등장하다
登龍門등용문 : 입신출세를 위한 어려운 관문이나 고비, 시험을 이르는 말

쏠 발 12획 💡 활(弓), 창(殳)을 적에게 쏘니 쏠 발

發覺발각 : 숨긴 일이 드러남
發射발사 : 총을 쏨

흰 백 5획

쌀알의 모양(白)을 본떠서

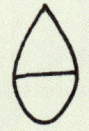 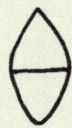 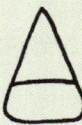

흰 백 5획 💡 순백의 하얀 백발 흰 백

白髮백발 : 센 머리
告白고백 : 사실대로 솔직하게 말함

171

百

▶ 일백 백 6획

💡 백성이 다 백발백중 명사수이니 일백 백

百姓백성 : 일반 국민
百發百中백발백중 : 백 번 쏘아 백 번 다 맞히다

的

▶ 과녁 적 8획

💡 과녁에 적중하니 과녁 적

的中적중 : 화살 등이 목표물에 맞음
目的목적 : 실현하려고 하는 일

皮

가죽 피 5획

짐승의 가죽을 벗기는 모양(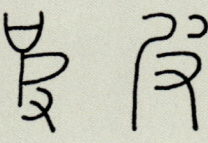)을 본떠서

皮

▶ 가죽 피 5획

💡 낯가죽이 두꺼운 철면피 가죽 피

表皮표피 : 피부의 상피 조직
鐵面皮철면피 : 염치가 없고 뻔뻔스러운 사람

어부지리
漁父之利

[뜻] 어부의 이익이라는 뜻으로 쌍방이 다투는 사이에 제3자가 손쉽게 이득을 챙긴다는 말이다.

[어휘] 漁 : 고기 잡을 어 / 父 : 사내 부 / 之 : 어조사 지 / 利 : 이로울 이

[어순] 수식어(漁父) + 관형격 어조사(之) + 피수식어(利)

[유래] 전국시대 때, 연(燕)나라에 흉년이 들자 조(趙)나라는 이 약점을 노려 국력이 약해진 연나라를 치려고 하였다. 마침 연나라는 제나라와 전쟁 중이었기 때문에 조나라와 전쟁을 원치 않아 소대(蘇代)를 보내 조왕을 설득해보려고 하였다.

소대는 합종책(合縱策)으로 잘 알려진 소진(蘇秦)의 동생으로 형에는 못 미치지만 설객이나 책사로서 손색이 없었다. 조나라로 간 소대는 세치의 혀를 유감없이 발휘하였다. 소대는 조왕을 만나 말했다.

"제가 오늘 역수(易水) 강가를 지나는 길이었습니다. 마침 조개가 입을 벌리고 햇볕을 쪼이고 있는데, 바로 그때 황새가 지나가다가 조갯살을 쪼아 먹으려 했습니다. 그러자 조개는 조개껍질로 황새의 부리를 꽉 물었습니다. 황새는 있는 힘을 다해서 조개를 벌리려고 하였고, 조개는 더욱 더 입을 꼭 다물고 놓아주지를 않았습니다. 황새와 조개가 옥신각신하고 있는 사이에 마침 옆을 지나가는 농부가 그 광경을 보았습니다. 어부는 마치 횡재라도 한 것처럼 기뻐하며 달려가서 조개와 황새를 잡아가버렸습니다. 저는 그 광경을 보니 지금 조나라와 연나라의 대치 상황이 생각났습니다. 연나라가 조개라면 조나라는 황새에 비유할 수 있습니다. 두 나라가 전쟁을 하면 양국의 국력이 약해지는 틈을 타 저 강대한 진(秦)나라가 어부지리로 두 나라를 공격할 것입니다. 결국 진나라만 이익을 보게 되는 꼴이 되고 말 것입니다."

조왕은 소대의 말을 듣고 옳다고 생각하여 연나라와의 전쟁을 그만두었다.

皿 그릇 명 5획

그릇의 모양()을 본떠서

 益 ▶

더할 익 10획　　💡 그릇(皿)에 물을 부어 넘쳐흐르니 더할 익

益蟲익충 : 잠자리, 나비, 꿀벌같이 사람에게 이익을 주는 곤충
損益손익 : 손해와 이익

 盛 ▶

담을 성 11획　　💡 그릇에 다 익은 음식을 수북이 담으니 담을 성

盛況성황 : 성대한 상황
豊盛풍성 : 넉넉하고 많음

 盜 ▶

훔칠 도 12획　　💡 도둑이 그릇을 훔치니 훔칠 도

盜用도용 : 남의 물건 등을 몰래 씀
盜賊도적 : 도둑

 監 ▶

볼 감 14획　　💡 신하(臣)의 그릇(皿)을 살피니 볼 감

監督감독 : 감시하여 단속함
監査감사 : 감독하고 검사함

 盡 ▶

다할 진 14획　　💡 진력을 다하니 다할 진

盡力진력 : 있는 힘을 다함
賣盡매진 : 모두 다 팔려 동이 남

174

目

눈 목 5획

눈의 모양(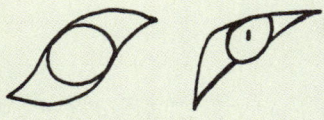)을 본떠서

目

눈 목 5획 💡 자기 눈으로 목격하니 눈 목

目擊목격 : 자기 눈으로 직접 봄
眼目안목 : 사물을 보고 분별하는 식견

直

곧을 직 8획 💡 직선은 곧으니 곧을 직

直線직선 : 곧은 선
直接직접 : 중간에 아무 거침이 없이 곧바로

看

볼 간 9획 💡 손(手)을 눈(目) 위에 얹고 멀리 보니 볼 간

看過간과 : 못 보고 빠뜨림
看破간파 : 알아차림

相

서로 상 9획 💡 서로 눈(目)을 바라보니 서로 상

相續상속 : 다음 차례에 이어받음
相對상대 : 서로 마주 대함. 서로 겨룸

省

살필 성 9획 💡 눈(目)을 가늘게(少) 뜨고 잘 살피니 살필 성

省墓성묘 : 조상의 산소를 찾아가서 돌봄
省察성찰 : 깊이 생각함

眞

참 진 10획 💡 진짜 진면목을 보니 참 진

天眞천진 : 꾸밈없이 깨끗하고 순진함
眞面目진면목 : 참모습

眼 ▶ 눈 안 11획　💡 눈에 쓰는 안경 눈 안

眼鏡안경 : 눈을 잘 보이게 하기 위하여 눈에 쓰는 물건
眼目안목 : 눈매

着 ▶ 입을 착 12획　💡 옷을 달라붙게 입으니 입을 착

着陸착륙 : 비행기가 활주로에 내리다
愛着애착 : 지극히 아끼고 사랑함

督 ▶ 살펴볼 독 13획　💡 눈을 부릅뜨고 살펴보니 살펴볼 독

監督감독 : 일이 잘못되지 않도록 살피어 단속함
總督총독 : 관할 구역 내의 일체 행정을 감독하고 다스림

창 모 5획

창의 모양(↑)을 본떠서

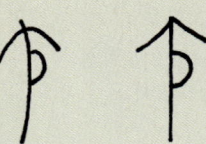

矛 ▶ 창 모 5획　💡 창의 모양 창 모

矛盾모순 : 본래 창과 방패라는 뜻으로, 두 사실이 이치상 일치되지 않아
　　　　서로 맞지 않음을 이르는 말

矢 화살 시 5획

화살의 모양(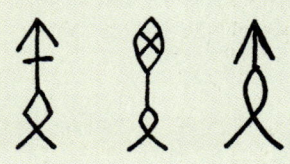)을 본떠서

知 ▶ 알 지 8획   💡지식이 많아 다 아니 알 지
知己지기 : 자기를 알아주는 친구
知能지능 : 해결 방법을 알아내는 지적 활동의 능력

短 ▶ 짧을 단 12획   💡화살(矢)촉이 콩(豆)알만큼 짧으니 짧을 단
短髮단발 : 짧은 머리털
短縮단축 : 짧게 줄임

石 돌 석 5획

돌의 모양(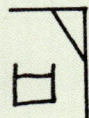)을 본떠서

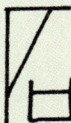

石 ▶ 돌 석 5획   💡돌 비석 돌 석
鑛石광석 : 광물이 섞여 있고, 채광할 수 있는 광물
寶石보석 : 단단하고 빛깔이 아름다우며 희귀한 광물

破

깨뜨릴 파 10획 💡 돌(石)로 쳐 가죽(皮)이 찢어지니 깨뜨릴 파

破鏡파경 : 사이가 나빠서 부부가 헤어지는 것
破損파손 : 깨어져 못쓰게 됨

砲

대포 포 10획 💡 돌 대포로 성벽을 무너뜨리니 대포 포

砲彈포탄 : 대포의 탄알
發砲발포 : 총이나 포를 쏨

硏

갈 연 11획 💡 돌을 가니 갈 연

硏究연구 : 깊이 있게 조사하여 진리를 따져 보는 일
硏修연수 : 학문을 연구하고 닦음

碑

비석 비 13획 💡 돌 비석을 낮게 세우니 비석 비

碑文비문 : 비석에 새긴 글
墓碑묘비 : 무덤 앞에 세우는 비석

確

확실할 확 15획 💡 새(隹)를 돌(石)로 확실히 잡으니 확실할 확

確固확고 : 확실하고 견고함
確認확인 : 확실하게 인정함. 틀림없나 알아보다

10획
11획
12획
13획
14획
15획
16획

示

보일 시 5획

제사상 모양(示)을 본떠서

示　示　示

示 ▶

보일 시 5획

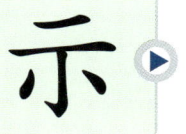 시범을 보이니 보일 시

示範시범 : 모범을 보임
示威시위 : 위력이나 기세를 떨쳐 보임

社 ▶

모일 사 8획

땅(土)바닥이 안 보일(示) 정도로 많은 사람이 모이니 모일 사

社會사회 : 같은 무리끼리 모여 이루는 집단
會社회사 : 영리 행위를 목적으로 하는 사단 법인

祕 ▶

숨길 비 10획

반드시(必) 안 보이게 숨기니 숨길 비

祕密비밀 : 숨기어야 할 일
神祕신비 : 신기하고 묘함

神 ▶

귀신 신 10획

신출귀몰한 귀신 귀신 신

神奇신기 : 신묘하고 기이함
神聖신성 : 신령스럽고 거룩함

祖 ▶

조상 조 10획

조상님이 꿈에 보이니 조상 조

祖國조국 : 조상 때부터 대대로 살던 나라
祖父조부 : 할아버지

祝 ▶

빌 축 10획

축원하며 비니 빌 축

祝辭축사 : 축하하는 말이나 글
祝典축전 : 축하 행사

1획
2획
3획
4획
5획
6획
7획
8획
9획
10획
11획
12획
13획
14획
15획
16획

祭

제사 제 11획　💡 제물을 바치고 제사를 지내니 제사 제

祭壇제단 : 제사를 지내는 단
祭典제전 : 잔치. 축전

票

표 표 11획　💡 매표소에서 표를 사니 표 표

票決표결 : 투표로 결정함
賣票매표 : 차표 등을 팖

禁

금할 금 13획　💡 숲(林) 출입 금지 금할 금

禁止금지 : 제지하여 못하게 함
嚴禁엄금 : 엄하게 금지함

福

복 복 14획　💡 복이 많아 복록을 누리니 복 복

幸福행복 : 복된 좋은 운수
景福宮경복궁 : 조선 시대의 궁전(사적 제 117호)

禮

예절 례 18획　💡 음식을 풍성(豊)하게 대접하며 예우하니 예절 례

禮遇예우 : 예를 갖추어 대우함
禮節예절 : 예의 범절

禾
벼 화 5획

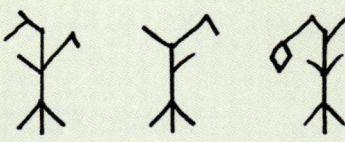

농작물의 모양(🌾)을 본떠서

私 ▶

사사로울 사 7획   💡 사사로이 사복을 채우니 사사로울 사

私費사비 : 개인이 부담하는 비용
公私공사 : 공공의 일과 사사로운 일

秀 ▶

빼어날 수 7획   💡 수재는 뛰어난 사람이니 빼어날 수

秀麗수려 : 빼어나고 아름다움
秀才수재 : 재능이 뛰어난 사람

科 ▶

과목 과 9획   💡 곡식(禾)을 말(斗)로 나누니 과목 과

科目과목 : 교과를 나눈 영역
學科학과 : 학술의 분과

秋 ▶

가을 추 9획   💡 추수 후 볏(禾)집을 불(火)태우니 가을 추

秋穀추곡 : 가을에 거두는 곡식
秋收추수 : 가을걷이

移 ▶

옮길 이 11획   💡 많은(多) 벼(禾) 이삭을 이동하여 옮기니 옮길 이

移植이식 : 옮겨 심음
轉移전이 : 자리나 위치를 다른 곳으로 옮김

稅 ▶

세금 세 12획   💡 곡식(禾)으로 세를 거두니 세금 세

稅金세금 : 조세로 바치는 돈
關稅관세 : 국경을 통과하는 상품에 부과하는 조세

1획

2획

3획

4획

5획

6획

7획

8획

9획

10획

11획

12획

13획

14획

15획

16획

程 ▶ 법 정 12획 　💡 쌀(禾)을 규정대로 왕에게 바치니(呈) 법 정

程度정도 : 알맞은 한도
過程과정 : 일이 진행되어 가는 경로

種 ▶ 씨 종 14획 　💡 무겁고(重) 튼튼한 볍씨(禾) 씨 종

種類종류 : 사물의 부문을 나누는 갈래
種族종족 : 같은 조상, 언어, 문화를 가지고 있는 무리

稱 ▶ 일컬을 칭 14획 　💡 벼라 이름을 붙여 일컬으니 일컬을 칭

稱讚칭찬 : 좋은 점을 추켜서 올려 높이 평가해줌
呼稱호칭 : 사람이나 물건의 상대를 부르는 말

穀 ▶ 곡식 곡 15획 　💡 벼를 탈곡하니 곡식 곡

穀物곡물 : 쌀, 보리, 콩, 옥수수 등의 총칭
雜穀잡곡 : 쌀 이외의 모든 곡식인 보리, 밀, 콩, 팥 등

積 ▶ 쌓을 적 16획 　💡 볏단을 쌓으니 쌓을 적

積極적극 : 일을 능동적이고 긍정적으로 하는 것
積善적선 : 착한 일을 많이 함

움집의 모양(🏠)을 본떠서

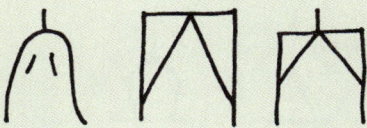

穴 구멍 혈 5획

究 ▶

연구할 구 7획　💡 무려 9번씩이나 연구하니 연구할 구

講究강구 : 대책이나 방안을 궁리하여 찾아냄
探究탐구 : 진리나 학문을 깊이 연구함

空 ▶

빌 공 8획　💡 빈 구멍(穴)을 만드니(工) 빌 공

空港공항 : 비행장
空虛공허 : 텅 빔

窓 ▶

창 창 11획　💡 마음(心)속에 창을 내니 창 창

同窓동창 : 한 학교에 다닌 사이
學窓학창 : 배움의 창가. 교실. 학교

窮 ▶

다할 궁 15획　💡 몸을 굽혀 구멍에 들어가려고 최선을 다하니 다할 궁

無窮무궁 : 크기나 정도가 한도 끝이 없음
窮理궁리 : 사물의 이치를 연구함

立

설립 5획

서있는 모양(立)을 본떠서

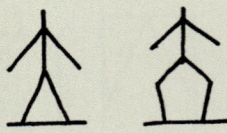

立 ▶

설 립 5획 💡 독립해서 서니 설 립

立證입증 : 증거를 세움
創立창립 : 새로 만들어 세움

章 ▶

문장 장 11획 💡 소리(音)내어 열(十)번 읽어야 하는 문장 장

印章인장 : 도장
文章문장 : 글

童 ▶

아이 동 12획 💡 아이들은 마을(里)의 활기를 세우(立)니 아이 동

神童신동 : 재주가 남달리 특출한 아이. 천재
童心동심 : 어린이의 마음

端 ▶

바를 단 14획 💡 선 자세가 산처럼 바르고 단정하니 바를 단

端正단정 : 몸가짐이 얌전하고 바르다
極端극단 : 한쪽으로 크게 치우침

競 ▶

다툴 경 20획 💡 서로 경쟁하며 우위를 다투니 다툴 경

競技경기 : 기량과 기술을 겨룸
競爭경쟁 : 이기거나 앞서려고 서로 다툼

와신상담
臥薪嘗膽

[뜻] 장작 위에서 잠을 자고 쓸개를 핥는다는 뜻으로 복수를 하기 위해 고난을 참고 견뎌내는 것을 가리킨다.

[어휘] 臥 : 누을 와 / 薪 : 섶나무 신 / 嘗 : 맛볼 상 / 膽 : 쓸개 담

[어순] 술어(臥) + 목적어(薪) + 술어(嘗) + 목적어(膽)

[유래] 춘추시대 때, 오(吳)나라와 월(越)나라가 전쟁을 하였다. 전쟁에 패한 오왕은 죽기 직전에 태자 부차(夫差)에게 원한을 갚아달라고 유명을 남겼다. 부차는 선왕의 유명을 잊지 않기 위해 잠을 장작 위에서 누워 자며 3년 안에 반드시 원수를 갚을 거라며 다짐을 하였다.

복수심에 불탄 부차는 절치부심하며 군사훈련에 매진하며 때를 기다리고 있었다. 이 사실을 안 월왕 구천(勾踐)은 신하의 간언을 듣지 않고 오나라를 공격하였다. 오와 월은 부초산에서 격전이 벌어졌다. 결과는 복수심으로 무장한 오나라에게 월은 대패하여 패잔병을 이끌고 회계산으로 피신하였다. 오나라 군대는 회계산을 물샐틈없이 포위하였다. 구천은 치욕을 참고 후일을 기약하자는 재상 범려의 계책을 받아들여 오왕에게 치욕적인 항복을 하였다.

오나라에서는 오자서(伍子胥)라는 중신이 후환 덩어리인 구천을 이번에 죽여야 한다고 간언했지만, 부차는 구천을 죽이지 않고 용서하였고 궁안의 마구간지기를 시켰다. 구천은 오왕에게 충성심을 일관되게 보이자 오왕은 안심하고 훗날 구천을 월나라로 돌려보내주었다. 고국에 돌아온 구천은 절치부심하며 복수의 칼을 갈기 시작했다. 구천은 회계산에서의 치욕을 잊지 않기 위해 침실에 쓸개를 매달아 놓고 늘 쓴 맛을 보며 복수의 집념을 불태웠다.

월나라는 12년 동안 부국강병에 힘써 국력이 강성해지자 오나라를 공격하였다. 그 후 7년 후엔 오나라를 멸망시키고 옛날의 치욕을 씻게 되었다. 구천은 부차에게 관용을 베풀어 지방으로 귀양 보내 남은 여생을 보내도록 하였으나 부차는 거절하고 자결하였다.

竹
대 죽 6획

댓잎의 모양(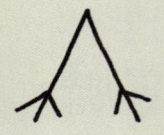)을 본떠서

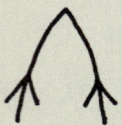

竹

대 죽 6획 💡 대나무 가지의 모양 대 죽

竹馬故友죽마고우 : 어릴 때부터 같이 놀며 자란 벗
爆竹폭죽 : 가는 대통에 화약을 재어 터뜨리는 물건

笑

웃음 소 10획 💡 대나무 흔들리는 소리가 웃음소리와 같으니 웃음 소

談笑담소 : 웃고 즐기면서 이야기함
爆笑폭소 : 웃음이 갑자기 터져 나옴

第

차례 제 11획 💡 대나무에 글을 써서 차례로 엮으니 차례 제

落第낙제 : 진학이나 진급을 못함
第三者제삼자 : 직접 관계가 없는 사람

筋

힘줄 근 12획 💡 대나무(竹)처럼 힘(力)이 담긴 근육(月) 힘줄 근

筋骨근골 : 근육과 골격
筋肉근육 : 힘살

答

대답할 답 12획 💡 대나무 쪽에 편지를 써 답하니 대답할 답

答辯답변 : 물음에 답하여 말함
應答응답 : 부름이나 물음에 응하여 답함

等

무리 등 12획 💡 관청(寺)에서 서류(竹)를 무리지어 가지런히 놓으니 무리 등

等數등수 : 등급
均等균등 : 고르고 가지런하여 차이가 없음

筆

붓 필 12획　💡 붓은 대나무로 만드니 붓 필

筆舌필설 : 글과 말
筆者필자 : 글을 지은 사람

管

관리할 관 14획　💡 대쪽(竹)같은 관리(官)가 관리하니 관리할 관

血管혈관 : 혈액이 흐르는 관
保管보관 : 물건을 맡아서 간직하고 관리함

算

셈할 산 14획　💡 대나무(竹)를 눈(目)으로 세어보니 셈할 셈

算數산수 : 셈함
勝算승산 : 이길 수 있는 가능성

範

법 범 15획　💡 모범으로 시범해 보이니 법 범

範圍범위 : 어떤 것이 미치는 한계
示範시범 : 모범을 보임

節

마디 절 15획　💡 대나무는 마디가 있으니 마디 절

節減절감 : 절약하여 줄임
季節계절 : 사철

篇

책 편 15획　💡 대나무 패를 실로 맨(扁) 책 편

長篇장편 : 길고 복잡한 글
短篇단편 : 짤막하게 지은 글

築

쌓을 축 16획　💡 나무(木)를 찧어(筑) 쌓아올리니 쌓을 축

築造축조 : 쌓아서 만듦
建築건축 : 건물을 세우거나 쌓아 만듦

簡

대쪽 간 18획　💡 글을 쓰던 대쪽 죽간 대쪽 간

簡潔간결 : 간단하고 깔끔하다
簡略간략 : 간단하고 짧다

籍
문서 적 20획 💡 호적을 기록한 문서(竹) 문서 적
國籍국적 : 한 국가의 구성원이 되는 자격이나 신분
書籍서적 : 책. 도서. 문헌

쌀 미 6획

흩어져 떨어진 쌀알의 모양(米)을 본떠서

米
쌀 미 6획 💡 흰쌀 백미 쌀 미
米飮미음 : 죽
精米所정미소 : 곡식을 찧거나 빻는 곳

粉
가루 분 10획 💡 쌀을 분말가루로 만드니 가루 분
粉末분말 : 가루
粉食분식 : 가루음식

精
정할 정 14획 💡 쌀(米)을 찧어 맑고(靑) 깨끗이 하니 정할 정
精密정밀 : 정교하고 치밀함
精神정신 : 마음. 얼. 영혼

糧
양식 량 18획 💡 쌀이 양식이니 양식 량
糧穀양곡 : 양식이 되는 곡물
食糧식량 : 양식

系

실 사 6획

실을 두 세 타래 묶은 모양(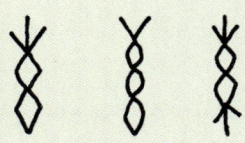)을 본떠서

系 ▶

이을 계 7획　💡 실을 감아 이으니 이을 계

系列계열 : 계통의 서열
系統계통 : 일의 체계나 순서

紀 ▶

기록할 기 9획　💡 기념으로 기록하니 기록할 기

紀(記)念기념 : 어떤 일을 잊지 아니하고 마음에 간직함
紀行기행 : 여행 중 보고, 겪은 것을 적은 것

約 ▶

약속할 약 9획　💡 실을 단단히 묶듯 약속할 약

約束약속 : 앞으로의 일을 미리 정하여 둠
約婚약혼 : 혼인을 약속함

紅 ▶

붉을 홍 9획　💡 실을 붉은 색으로 염색하니 붉을 홍

紅一點홍일점 : 여럿 가운데 유독 특출한 사람
紅潮홍조 : 부끄럽거나 취하여 얼굴이 붉어짐

級 ▶

등급 급 10획　💡 한 계급 진급하니 등급 급

階級계급 : 지위, 신분, 관직의 단계
進級진급 : 계급, 등급이 올라감

納 ▶

바칠 납 10획　💡 상납하여 바치니 바칠 납

納得납득 : 잘 알아서 이해하고 긍정함
納稅납세 : 세금을 냄

1획

2획

3획

4획

5획

6획

7획

8획

9획

10획

11획

12획

13획

14획

15획

16획

素

흴 소 10획
💡 명주실이 하얗게 깨끗하니 흴 소

素朴소박 : 검소하고 질박함
儉素검소 : 사치스럽지 않고 꾸밈없이 수수함

純

순수할 순 10획
💡 잡것이 섞임 없이 순수하니 순수할 순

純益순익 : 순수한 이익
淸純청순 : 깨끗하고 순수함

紙

종이 지 10획
💡 지물포에서 종이를 파니 종이 지

製紙제지 : 종이를 만듦
紙面지면 : 글이 실리는 인쇄물의 면

細

가늘 세 11획
💡 실처럼 가느니 가늘 세

細密세밀 : 잘고 자세함
細胞세포 : 생물체를 이루는 기본 단위

組

짤 조 11획
💡 실을 짜니 짤 조

組織조직 : 같은 기능과 구조를 가진 세포의 모임
組合조합 : 공동 목적을 수행하기 위하여 조직하는 단체

終

마칠 종 11획
💡 실(糸) 끝(冬 겨울, 계절의 끝)을 모아 매듭을 지어 마치니 마칠 종

終末종말 : 끝
終着종착 : 마지막에 이름

結

맺을 결 12획
💡 길일(吉)을 잡아 맺어주니 맺을 결

結局결국 : 마침내
團結단결 : 모두 힘을 한데 뭉침

給

줄 급 12획
💡 월급을 실에 꿰어 모아주니 줄 급

給與급여 : 돈이나 물품을 줌
月給월급 : 봉급

絲 ▶	실 사 12획	💡 두 가닥 실을 엮으니 실 사
	生絲생사 : 실크	
	鐵絲철사 : 쇠로 만든 가는 줄	

絕 ▶	끊을 절 12획	💡 실을 칼로 끊으니 끊을 절
	根絕근절 : 아주 뿌리째 없애 버림	
	絕交절교 : 교제를 끊음	

統 ▶	거느릴 통 12획	💡 국론을 통합하여 통치하니 거느릴 통
	統治통치 : 나라를 도맡아 다스림	
	傳統전통 : 전해 내려오는 사상·관습	

經 ▶	지날 경 13획	💡 여러 일을 지내온 경력 지날 경
	經歷경력 : 겪어 지내 온 여러 가지 일	
	聖經성경 : 종교상 신앙의 최고 법전이 되는 책	

綠 ▶	푸를 록 14획	💡 실에 푸른 물을 입히니 푸를 록
	綠陰녹음 : 푸른 잎이 우거진 나무나 수풀	
	草綠초록 : 파랑과 노랑의 중간색. 초록색	

練 ▶	익힐 연(련) 15획	💡 숙련되게 익히니 익힐 연
	練習연습 : 익숙하도록 되풀이하여 익힘	
	訓練훈련 : 기본 동작 등을 되풀이하여 익힘	

線 ▶	줄 선 15획	💡 실처럼 흐르는 물줄기 줄 선
	電線전선 : 전깃줄	
	脫線탈선 : 기차가 선로를 벗어남	

緣 ▶	인연 연 15획	💡 실로 이어놓은 듯 인연이 있으니 인연 연
	緣故연고 : 까닭	
	因緣인연 : 사람들 사이에 맺어지는 관계	

績 ▶ 공 적 17획　💡책임(責)을 지고 실적을 올리니 공 적

成績성적 : 배운 지식 등이 평가된 결과
業績업적 : 사업이나 연구에서 세운 공적

總 ▶ 거느릴 총 17획　💡총리는 장관을 거느리니 거느릴 총

總理총리 : 국무총리의 약칭
總動員총동원 : 사람, 물자 등의 모든 것을 집중시킴

縮 ▶ 오그라들 축 17획　💡실이 수축하여 오그라드니 오그라들 축

縮小축소 : 줄여 작게 함
收縮수축 : 부피나 규모가 줄어듦

織 ▶ 짤 직 18획　💡직녀가 리듬을 타며 베를 짜니 짤 직

織女직녀 : 베를 짜는 여자
織物직물 : 면직물이나 모직물 등

繼 ▶ 이을 계 20획　💡후계자가 뒤를 이으니 이을 계

繼承계승 : 뒤를 이어받음
後繼者후계자 : 어떤 일이나 사람의 뒤를 잇는 사람

續 ▶ 이을 속 21획　💡실(糸)을 계속 이어서 파니(賣) 이을 속

續出속출 : 잇달아 나옴
繼續계속 : 끊이지 않고 이어 나감

우공이산
愚公移山

[뜻] 우공(愚公)이라는 노인이 산을 옮긴다는 뜻으로 한 가지 일을 끝까지 하면 언젠가는 성공함을 나타내는 말이다.

[어휘] 愚 : 어리석을 우 / 公 : 존칭어 공 / 移 : 옮길 이 / 山 : 메(뫼) 산

[어순] 주어(愚公) + 동사(移) + 목적어(山)

[유래] 옛날, 중국에 우공(愚公)이라는 90세 된 노인이 두 큰 산 사이에 살고 있었다. 집이 산에 가로막혀 왕래가 불편하였다. 하루는 우공이 집안 식구를 불러 놓고 말했다.

"우리들이 있는 힘을 다하여 산을 평평하게 만들어 남쪽까지 길을 내자. 어떠하냐?"

다들 찬성했는데 그의 처만은 반대하며 말했다.

"당신은 작은 언덕조차도 파헤치기 힘든데 어떻게 큰 산을 파겠어요? 그리고 파낸 흙은 또 어디에다 치울 거예요?"

"파낸 흙은 발해의 해변에 버릴 거요."

우공은 아들과 손자와 같이 산을 파기 시작했다. 이웃집에 사는 과부의 7살 난 사내애도 도왔다. 그런데 지수(智叟)라는 노인이 우공이 산을 파는 것을 보고 비웃으며 말했다.

"당신은 정말 어리석군요. 늙은 몸으로 큰 산의 흙과 돌을 어떻게 하겠다는 것입니까?"

"당신같은 사람들은 도저히 알 수가 없을 거요. 당신은 저 과부의 아들만도 못하오. 나는 곧 죽겠지만 아들이 있고, 아들이 죽으면 손자가 있고, 계속해서 끊기지 않소. 언젠가는 산이 평평해질 것이오."

지수는 이 말을 듣고 말문이 막혀 입을 다물어버렸다. 그리고 두 산을 지키는 산신이 그 사정을 옥황상제에게 호소하였다. 옥황상제는 우공의 우직함에 감동하여 두 신에게 산을 하나씩 업어다가 다른 곳에 옮겨놓게 하였다.

缶

장군 부 6획

절굿공이로 도자기를 만드는 모양(缶)을 본떠서

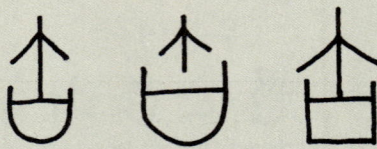

缺

▶

이지러질 결 10획

☀ 이지러져 결함이 있으니 이지러질 결

缺禮결례 : 예의에 어긋남
缺陷결함 : 흠이 있어 불완전함

网 网 网
皿

그물 망 4 · 5 · 6획

그물망의 모양(网)을 본떠서

罪

▶

허물 죄 13획

☀ 법망(皿-网)에 걸린 잘못(非)을 저지르니 허물 죄

謝罪사죄 : 잘못에 대하여 용서를 빎
犯罪범죄 : 법규를 어긴 잘못

置

▶

둘 치 13획

☀ 그물(皿)을 곧게(直) 쳐두니 둘 치

配置배치 : 일정한 자리에 알맞게 나누어 둠
位置위치 : 사물이 일정한 곳에 자리를 차지한 장소

벌 벌 14획   🔎 법망(罒=网)으로 잡아서 말(言)로 꾸짖고 칼(刂)로 끊을 벌 벌

刑罰형벌 : 범죄자에게 제재를 가함
罰則벌칙 : 처벌을 정하여 놓은 규칙

그물 라 19획   🔎 새(隹)를 잡으려고 그물(罒)을 치니 그물 라

羅列나열 : 죽 벌여 놓음
新羅신라 : 삼국 시대에 수도가 경주인 영남 지방의 나라

양의 뿔의 모양(🐏)을 본떠서

양 양 6획

양 양 6획   🔎 양털 옷을 입고 양을 기르니 양 양

羊毛양모 : 양털
山羊산양 : 염소

아름다울 미 9획   🔎 살찐 큰(大) 양(羊)이 아름다우니 아름다울 미

美觀미관 : 훌륭한 경치
美風미풍 : 아름다운 풍속

무리 군 13획   🔎 임금(君) 행차를 보려고 양(羊)떼처럼 모인 무리 군

群雄군웅 : 많은 영웅
群衆군중 : 많이 모인 여러 사람

義 ▶

옳을 의 13획

義務의무 : 마땅히 하여야 할 일

義絕의절 : 맺었던 의를 끊음

깃 우 6획

새의 날개의 모양(羽)을 본떠서

羽 ▶

깃 우 6획

새의 두 날개 모양 깃 우

羽翼우익 : 새의 날개

項羽壯士항우장사 : 힘이 아주 센 사람

習 ▶

익힐 습 11획

흰(白) 날개(羽)를 펴 날기를 연습하니 익힐 습

學習학습 : 배워서 익힘

習性습성 : 버릇이 된 성질

1획 2획 3획 4획 5획 6획 7획 8획 9획 10획 11획 12획 13획 14획 15획 16획

老 늙을 로 6획

노인이 지팡이를 짚은 모양(🎄)을 본떠서

늙을 로 6획 　💡 늙으신 노모를 모시니 늙을 로

老少노소 : 노인과 어린이
養老院양로원 : 의지할 곳 없는 노인이 보호받을 수 있는 시설

생각할 고 6획 　💡 노인은 생각이 깊으니 생각할 고

考慮고려 : 생각하여 헤아림
考察고찰 : 깊이 생각하고 연구함

놈 자 9획 　💡 사람, 사물을 가리키니 놈 자

記者기자 : 신문 기사를 취재하여 쓰는 사람
讀者독자 : 글을 읽는 사람

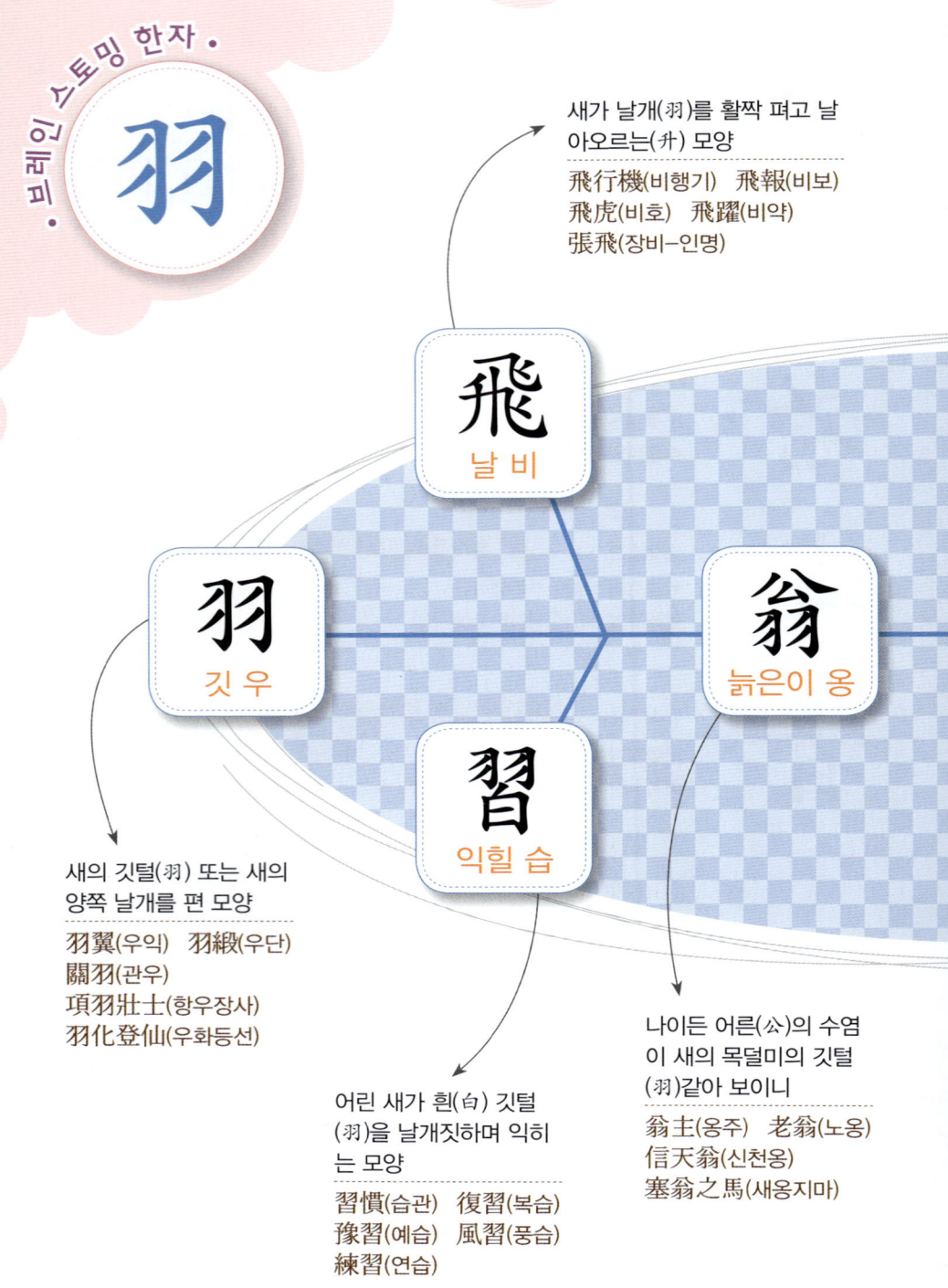

그래피 스토밍 한자

羽

새가 날개(羽)를 활짝 펴고 날 아오르는(升) 모양

飛行機(비행기)　飛報(비보)
飛虎(비호)　飛躍(비약)
張飛(장비-인명)

飛
날 비

羽
깃 우

翁
늙은이 옹

習
익힐 습

새의 깃털(羽) 또는 새의 양쪽 날개를 편 모양

羽翼(우익)　羽緞(우단)
關羽(관우)
項羽壯士(항우장사)
羽化登仙(우화등선)

어린 새가 흰(白) 깃털 (羽)을 날개짓하며 익히 는 모양

習慣(습관)　復習(복습)
豫習(예습)　風習(풍습)
練習(연습)

나이든 어른(公)의 수염 이 새의 목덜미의 깃털 (羽)같아 보이니

翁主(옹주)　老翁(노옹)
信天翁(신천옹)
塞翁之馬(새옹지마)

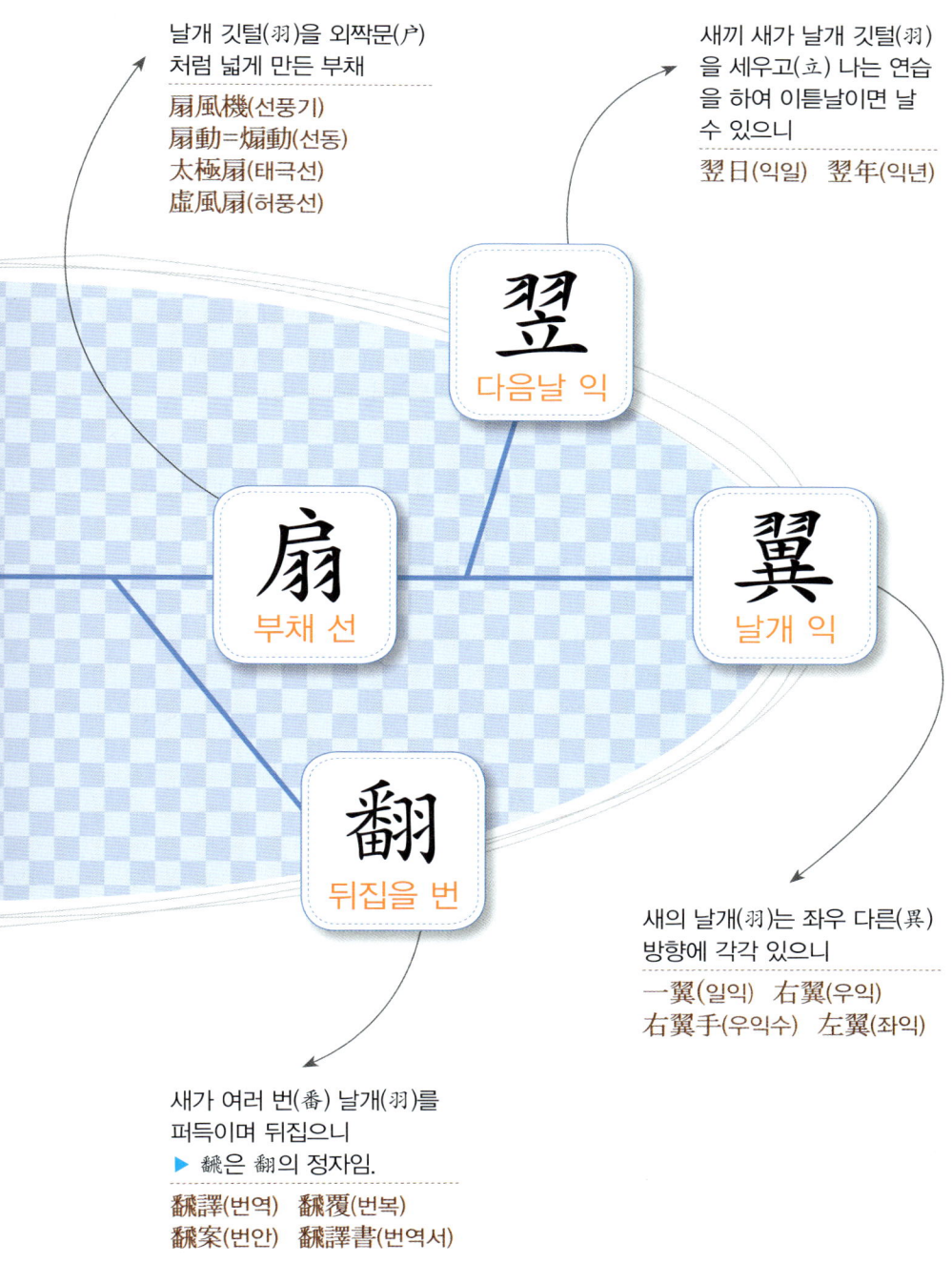

날개 깃털(羽)을 외짝문(戶)
처럼 넓게 만든 부채

扇風機(선풍기)
扇動＝煽動(선동)
太極扇(태극선)
虛風扇(허풍선)

새끼 새가 날개 깃털(羽)
을 세우고(立) 나는 연습
을 하여 이튿날이면 날
수 있으니

翌日(익일) 翌年(익년)

翌
다음날 익

扇
부채 선

翼
날개 익

翻
뒤집을 번

새의 날개(羽)는 좌우 다른(異)
방향에 각각 있으니

一翼(일익) 右翼(우익)
右翼手(우익수) 左翼(좌익)

새가 여러 번(番) 날개(羽)를
퍼득이며 뒤집으니
▶ 飜은 翻의 정자임.

飜譯(번역) 飜覆(번복)
飜案(번안) 飜譯書(번역서)

199

而
말 이을 이 6획

턱수염의 모양(ⵕ)을 본떠서

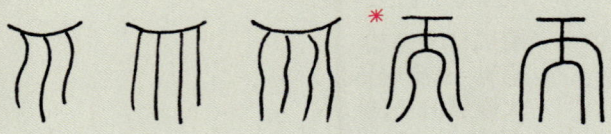

而
말 이을 이 6획 ▶

💡 접속사의 역할을 하니 말 이을 이

似而非사이비 : 겉으로 보기에는 같아 보이지만 속은 완전히 다름
溫故而知新온고이지신 : 옛것을 익혀서 새것을 알다

耐
참을 내 9획 ▶

💡 턱수염을 뽑혀도 참으니 참을 내

耐久性내구성 : 변형됨이 없이 오래 견디는 성질
忍耐인내 : 어려움을 참고 견딤

耒
쟁기 뢰 6획

손에 쟁기를 든 모양(ⵕ)을 본떠서

耕
밭갈 경 10획 ▶

💡 논밭을 갈고 경작하니 밭갈 경

耕作경작 : 땅을 갈아 농사를 지음
農耕농경 : 논밭을 갈아 농사를 지음

200

줄 모 10획 　💡 소가 쟁기(未)를 끌어 털(毛)이 빠지니 줄 모

磨耗마모 : 마찰 부분이 닳아서 없어짐
消耗소모 : 써서 없앰

귀의 모양(႞)을 본떠서

귀 이 6획

귀 이 6획 　💡 귀에서 이명이 들리니 귀 이

耳鳴이명 : 귀울림
耳目이목 : 주의나 관심

성인 성 13획 　💡 남의 말(口)을 다 잘 들어주는(耳) 성인 성인 성

聖域성역 : 신성한 지역
聖賢성현 : 성인(聖人)과 현인(賢人)

들을 문 14획 　💡 문(門) 틈 사이로 귀(耳)를 대고 들으니 들을 문

見聞견문 : 보거나 들어서 얻은 지식
風聞풍문 : 바람처럼 떠도는 소문

소리 성 17획 　💡 악기를 손으로 쳐서(殳) 귀(耳)로 들을 수 있는 소리(声) 소리 성

音聲음성 : 사람의 목소리나 말소리
和聲화성 : 화음

職 ▶

맡을 직 18획

💡 직책을 맡으니 맡을 직

職責직책 : 직무상의 책임
就職취직 : 직업을 얻어 직장에 나감

聽 ▶

들을 청 22획

💡 덕(德)이 있는 왕(王)이 백성의 소리를 잘 들으니(耳) 들을 청

聽取청취 : 방송 등을 듣다
盜聽도청 : 전화 통화 등을 몰래 엿듣거나 녹음하는 일

聿

붓 율 6획

손으로 붓을 잡은 모양(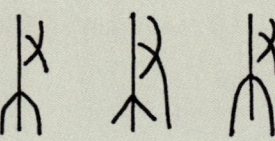)을 본떠서

肅 ▶

엄숙할 숙 13획

💡 엄숙한 곳에선 숙연해야 하니 엄숙할 숙

嚴肅엄숙 : 분위기가 장엄하고 정숙하다
靜肅정숙 : 조용하고 엄숙함

읍참마속
泣斬馬謖

[뜻] 울면서 마속을 참한다는 뜻으로, 어떤 일을 공정하게 처리하기 위해서 사사로운 정을 버린다는 것을 가리키는 말이다.

[어휘] 泣 : 울 읍 / 斬 : 벨 참 / 馬 : 말 마 / 謖 : 일어날 속

[어순] 술어/부사어(泣) + 술어(斬) + 목적어(馬謖)

[유래] 삼국시대 때, 제갈공명은 조조와의 싸움에서 연전연승하여 위(魏)나라 수도인 장안(長安)을 공격하려고 하였다. 이에 맞서서 위나라는 사마중달(司馬仲達)을 기용하여 공명의 공격을 방어하게 하였다. 공명은 기산(祁山)에서 사마중달의 20만 대군과 대치하고 있었다. 공명은 이미 위군을 물리칠 책략을 세워놓았다. 그러나 상대가 꾀가 많은 사마중달이라서 군량 수송로인 가정(街亭)이 불안하였다. 그곳을 무사히 지킬 장수로 누구를 뽑아야 할지 고민하고 있었다. 만일 그곳을 위군에게 뺏기면 촉군은 더 진군을 할 수 없었기 때문이었다.

그 때 마속(馬謖)이 가정을 자기가 맡겠다고 자청하며 나섰다. 마속은 공명의 절친한 친구인 마량(馬良)의 동생이었다. 공명은 마속이 너무 어려서 사마중달에게 대적하기에는 어렵다고 여겨 결정을 못하고 있었다. 마속은 계속 간청하였다.

"수년간 병법을 배웠는데 가정쯤은 문제없습니다. 만일 제가 패하면 저와 제 가족을 모두 군벌에 처해도 달게 받겠습니다."

공명은 많은 생각 끝에 마속에게 임무를 맡겼다. 왕평(王平)을 부장으로 삼아 가정으로 보내며 산기슭의 길을 꼭 지키라고 신신당부하였다. 그런데 마속은 부장의 간언을 듣지 않고 산 위에다가 진을 치는 바람에 위군에게 참패하여 가정을 빼앗기고 말았다. 공명은 자식 같은 마속을 죽이고 싶지 않았지만 엎드려 울면서 마속을 군법에 따라 처형시켰다.

月

肉
고기 육 6획

고기 덩어리의 모양(八)을 본떠서

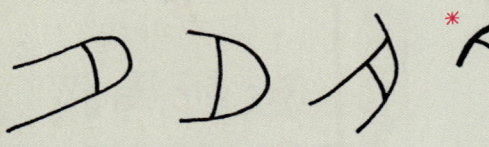

肉

고기 육 6획 💡 고기의 썬 조각 모양 고기 육

肉食육식 : 음식으로 고기를 먹음
肉體육체 : 사람의 몸. 몸뚱이

育

기를 육 8획 💡 애를 양육해 기르니 기를 육

育兒육아 : 어린애를 기름
敎育교육 : 기술이나 기능을 가르침

背

등 배 9획 💡 등을 돌리고 배반하니 등 배

背景배경 : 주위의 정경
背信배신 : 신의를 저버림

胞

세포 포 9획 💡 세포는 살 속에 있으니 세포 포

同胞동포 : 같은 나라와 민족의 사람
細胞세포 : 생물체를 이루는 기본 단위

能

능할 능 10획 💡 재능과 능력이 있으니 능할 능

效能효능 : 효험을 나타내는 능력
能通능통 : 사물의 이치에 훤히 통달하다

脈

맥 맥 10획 💡 맥박을 진맥해보니 맥 맥

文脈문맥 : 문장 앞뒤의 논리적 연관 관계
山脈산맥 : 산줄기

벗을 탈 11획　💡 몸(肉)에 입은 것을 바꿔(兌) 입으니 벗을 탈

脫穀탈곡 : 벼 등의 이삭에서 낟알을 떨어내는 일
脫出탈출 : 빠져 나감

창자 장 13획　💡 대장은 큰창자이니 창자 장

斷腸단장 : 몹시 슬퍼서 창자가 끊어지는 듯함
大腸대장 : 큰창자

아래에서 위로 향하는 시선(🙂)을 본떠서

신하 신 6획

신하 신 6획　💡 임금을 섬기는 신하이니 신하 신

功臣공신 : 특별한 공을 세운 신하
忠臣충신 : 충성을 다하는 신하

임할 임 17획　💡 신하가 물건의 품(品)을 구별하는 일에 임할 임

臨迫임박 : 어떤 때가 가까이 닥쳐옴
君臨군림 : 나라를 거느려 다스림

自

스스로 자 6획

코의 모양()을 본떠서

스스로 자 6획　💡 자연은 스스로 생긴 것이니 스스로 자

自由자유 : 자기 마음대로 할 수 있는 상태
自尊心자존심 : 자신의 품위를 스스로 지키는 마음

냄새 취 10획　💡 개(犬)가 코(自)로 냄새를 맡으니 냄새 취

惡臭악취 : 나쁜 냄새. 고약하고도 불쾌한 냄새
體臭체취 : 몸에서 나는 냄새

至

이를 지 6획

화살이 땅에 꽂혀서() 도달의 의미임

이를 지 6획　💡 지고지순한 곳에 이르니 이를 지

至極지극 : 더할 수 없이 극진하다
至誠지성 : 지극한 정성

이를 치 10획 💡 회초리질(攵)하여 이르니 이를 치

景致경치 : 대자연의 경관
致死치사 : 죽음에 이름

절구 구 6획

울퉁불퉁한 돌절구의 모양(臼)을 본떠서

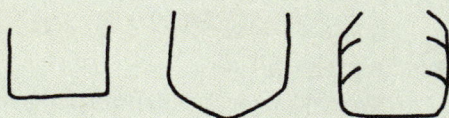

줄 여 14획 💡 절구(臼) 주변에 모여 사람들이 정을 주니 줄 여

與件여건 : 주어진 조건
參與참여 : 끼어들어 관계함

일어날 흥 16획 💡 절구(臼)를 여럿이 함께(同) 들어 올리며 일어나니 일어날 흥

興亡흥망 : 흥함과 망함
興趣흥취 : 흥과 취미

옛 구 18획 💡 풀(艹)이 난 오래된 절구(臼)에 새(隹)가 앉으니 옛 구

舊面구면 : 예전부터 알고 있는 처지
舊態구태 : 옛 모습

입에서 나온 침과 혀의 모양(🐾)을 본떠서

혀 설 6획

舌

혀 설 6획　　💡 혀 빠지게 설전을 벌리니 혀 설

舌根설근 : 혀뿌리
舌戰설전 : 논쟁. 말다툼

舍

집 사 8획　💡 혀(舌)가 쉴 수 있는 집 사

舍宅사택 : 집. 저택
寄宿舍기숙사 : 학교 등에서 숙식을 제공하는 시설

두 발가락의 좌우 방향 모양(舛)을 본떠서

어그러질 천 6획

舞

춤출 무 14획　💡 양발(舛, 순-양쪽 발의 모양)이 안 보일(無)정도로 춤추니 춤출 무

歌舞가무 : 노래와 춤
亂舞난무 : 함부로 나서서 마구 날뜀

208

1획
2획
3획
4획
5획
6획
7획
8획
9획
10획
11획
12획
13획
14획
15획
16획

舟 배 주 6획

나룻배의 모양(⛵)을 본떠서

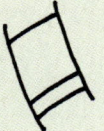  

航 ▶

배 항 10획 💡 배가 다니는 항로 배 항

航空항공 : 비행기로 공중을 날아다님
航海항해 : 배로 바다를 건넘

船 ▶

배 선 11획 💡 배(舟)는 물에 따라(㕣) 흐르니 배 선

船員선원 : 배의 승무원
漁船어선 : 고기잡이를 하는 배

艮 괘이름 간 6획

고개를 돌려 뒤돌아보는 모양(👀)을 본떠서

 ▶

좋을 량 7획 💡 양심이 불량하지 않으니 좋을 량

良心양심 : 사람의 본마음
改良개량 : 질이나 성능 등을 더 좋게 고침

色

빛 색 6획

무릎 꿇은 자가 눈치를 보는 모양(夗)을 본떠서

빛 색 6획

💡 빛깔이 예쁜 색채 빛 색

血色혈색 : 살갗에 보이는 핏기
喜色희색 : 기뻐하는 얼굴빛

艹

초두머리, 풀 초 3·4·6획

풀포기의 모양(ψ)을 본떠서

花

꽃 화 8획

💡 풀(艹)이 변해(化) 꽃이 되니 꽃 화

花園화원 : 꽃동산
花草화초 : 꽃과 풀

苦

쓸 고 9획

💡 오래(古)된 풀(艹)은 쓰고 괴로운 세월을 살아 쓸 고

苦樂고락 : 괴로움과 즐거움
刻苦각고 : 어려움을 참고 무척 애를 씀

꽃부리 영 9획 💡 **풀(艹) 가운데(央)에 올라오는 꽃부리 영**

英雄영웅 : 지혜가 뛰어나고 용맹하여 어려운 일을 이루는 사람

英才영재 : 재능이 뛰어난 사람

풀 초 10획 💡 **아침(早)에 올라오는 풀머리(艹) 풀 초**

草案초안 : 기초로 안을 잡음

草原초원 : 풀밭

꽃 화 12획 💡 **호화스러운 화환 꽃 화**

華麗화려 : 빛나고 아름답다

榮華영화 : 귀한 몸이 되어 이름이 세상에 빛남

떨어질 낙(락) 13획 💡 **낙엽이 우수수 떨어지니 떨어질 낙**

落後낙후 : 뒤떨어짐

落葉낙엽 : 잎이 짐

일만 만 13획 💡 **만의 만은 억만 일만 만**

萬物만물 : 온갖 물건

萬世만세 : 경축, 환영의 뜻으로 외치는 말

잎 엽 13획 💡 **시간(世)이 흘러 나무(木)에 풀(艹)이 피니 잎 엽**

末葉말엽 : 어떤 시대의 마지막 무렵

葉書엽서 : 우편엽서

쌓을 축 14획 💡 **가축(畜)에게 줄 풀(艹)을 쌓아두니 쌓을 축**

備蓄비축 : 미리 갖추어 모아 둠

蓄積축적 : 많이 모아서 쌓음

약 약 19획 💡 **몸에 유익한 풀이니 약 약**

藥材약재 : 약 재료

妙藥묘약 : 신통한 효험을 지닌 약

虎

호랑이(虎)가 살고 있는
곳(処)를 가리키니

處世(처세)　居處(거처)
近處(근처)　到處(도처)
安息處(안식처)

處
곳 처

虎
범 호

號
부르짖을 호

虛
빌 허

호랑이(虎)의 모양을 본뜬
글자

虎視耽耽(호시탐탐)
猛虎(맹호)　白虎(백호)
虎皮(호피)
三人成虎(삼인성호)

호랑이(虎)를 잡는 빈 구
덩이(业)

虛空(허공)　空虛(공허)
虛點(허점)　虛弱(허약)
虛榮(허영)

마치 호랑이(虎)처럼 으르
렁거리며 부르짖으니(号)

口號(구호)　號令(호령)
稱號(칭호)　記號(기호)
番號(번호)

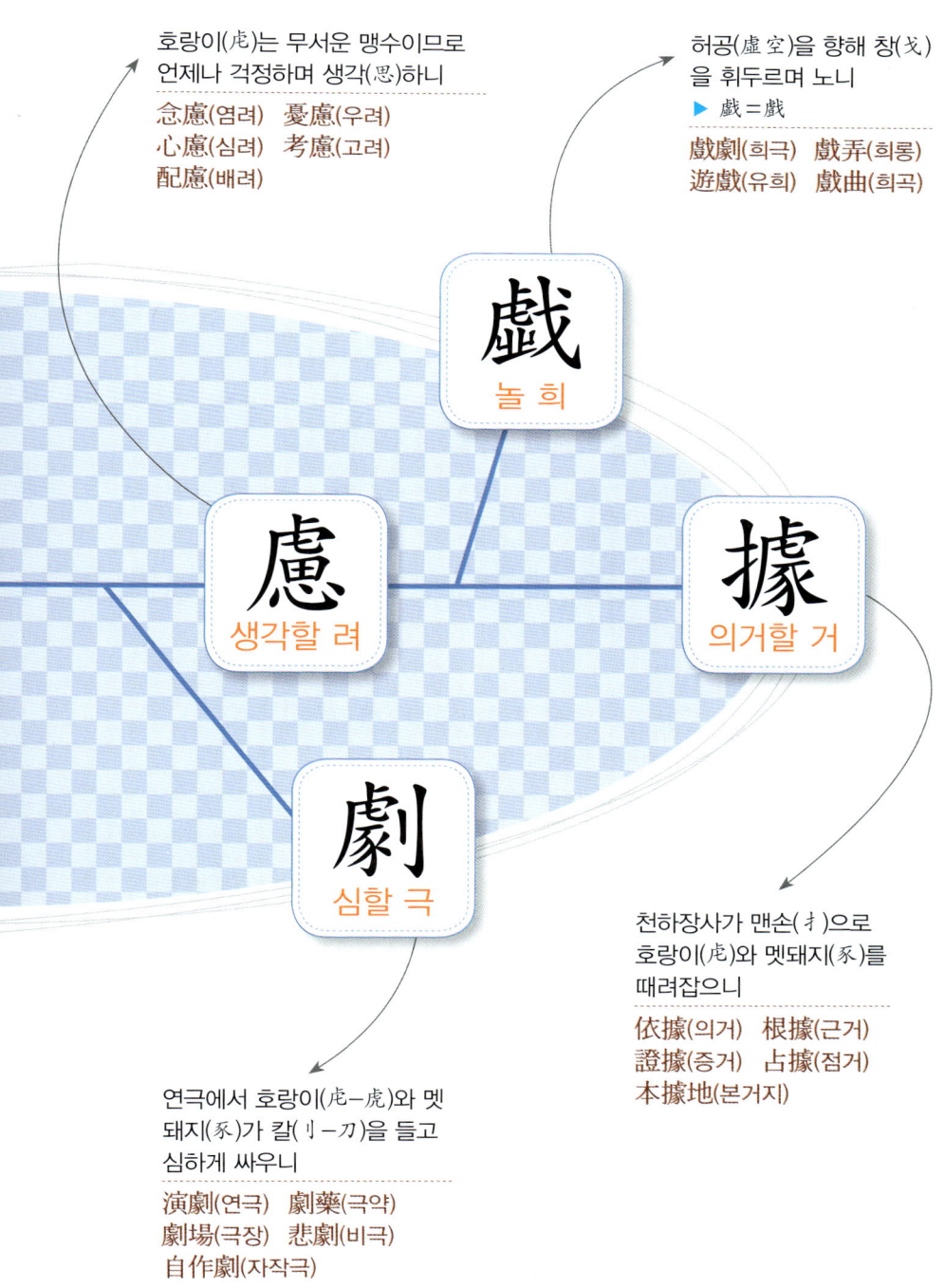

호랑이(虍)는 무서운 맹수이므로
언제나 걱정하며 생각(思)하니

念慮(염려) 憂慮(우려)
心慮(심려) 考慮(고려)
配慮(배려)

허공(虛空)을 향해 창(戈)
을 휘두르며 노니
▶ 戲＝戱

戲劇(희극) 戲弄(희롱)
遊戲(유희) 戲曲(희곡)

戲
놀 희

慮
생각할 려

據
의거할 거

劇
심할 극

천하장사가 맨손(扌)으로
호랑이(虍)와 멧돼지(豕)를
때려잡으니

依據(의거) 根據(근거)
證據(증거) 占據(점거)
本據地(본거지)

연극에서 호랑이(虍-虎)와 멧
돼지(豕)가 칼(刂-刀)을 들고
심하게 싸우니

演劇(연극) 劇藥(극약)
劇場(극장) 悲劇(비극)
自作劇(자작극)

藝 재주 예 19획

💡 구름(云)에 풀(艹)을 심으려면 재주(執)가 필요하니 재주 예

藝術예술 : 기예와 학술
曲藝곡예 : 서커스

虎

虍 범 호 6·8획

호랑이의 모양(𧇽)을 본떠서

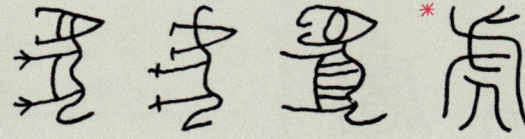

處 곳 처 11획

💡 호랑이(虎)가 사는 곳(処) 곳 처

處世처세 : 사람들과 사귀며 살아감
出處출처 : 사물이 나온 근거

虛 빌 허 12획

💡 호랑이(虎)를 잡는 빈 구덩이(皿) 빌 허

虛空허공 : 공중
虛榮허영 : 헛된 영화

號 부를 호 13획

💡 호랑이(虎)처럼 부르짖으니(号) 부를 호

記號기호 : 부호, 표지 등을 이르는 말
番號번호 : 차례를 나타내는 숫자

虫
벌레 충 6획

뱀의 모양(🐍)을 본떠서

蛇 ▶ 뱀 사 11획 💡 **구불구불 기어가는 긴 뱀 뱀 사**

蛇足사족 : 군더더기. 쓸데없는 군짓
毒蛇독사 : 독이 있는 뱀

蟲 ▶ 벌레 충 18획 💡 **벌레가 세 마리나 모여 있으니 벌레 충**

蟲齒충치 : 벌레먹은 이
害蟲해충 : 해를 끼치는 벌레

血
피 혈 6획

그릇 안에 피가 담긴 모양(🩸)을 본떠서

血 ▶ 피 혈 6획 💡 **그릇(皿)에 피(')를 받으니 피 혈**

血管혈관 : 핏줄
血鬪혈투 : 생사를 헤아리지 않고 싸움

衆

무리 중 12획

💡 무리(人人人→众)의 사람들이 땀 흘려 일하니 무리 중

衆論중론 : 사람들의 견해
觀衆관중 : 구경하기 위하여 모인 사람들

行

갈 행 6획

사거리 도로의 모양(彳)을 본떠서

彳 彳 亍

行

갈 행 6획

💡 사거리 도로에서 가니 갈 행

行事행사 : 어떤 일을 거행함
旅行여행 : 유람하러 다른 고장에 가는 일

術

재주 술 11획

💡 일하는 법(朮)을 뒤따라 가(行) 재주가 되니 재주 술

技術기술 : 사물을 잘 다룰 수 있는 능력
藝術예술 : 아름다움을 표현하고 창조하는 인간 활동

街

거리 가 12획

💡 땅(土)을 재어(土) 사거리(行)를 나누니 거리 가

街頭가두 : 길거리
市街시가 : 도시의 큰 길거리

衛

지킬 위 15획

💡 주위(韋)를 돌아다니며(行) 지키니 지킬 위

衛星위성 : 행성의 둘레를 도는 천체
防衛방위 : 적의 침략을 막아서 지킴

☞ 衛은 衞라고도 씀.

윗옷의 모양(仒)을 본떠서

仒 仒 仒

衣 옷 의 6획

옷 의 6획　💡 옷을 입고 깃을 여미니 옷 의

衣服의복 : 옷
脫衣탈의 : 옷을 벗음

겉 표 8획　💡 물체의 겉 표면 겉 표

圖表도표 : 그림으로 나타낸 표
表面표면 : 겉으로 드러난 쪽

꾸밀 장 13획　💡 옷에 장식을 꾸미니 꾸밀 장

裝備장비 : 장치와 설비
裝置장치 : 기계 설비

만들 제 14획　💡 옷을 만드니 만들 제

製品제품 : 만든 물건
手製수제 : 손으로 만듦

겹칠 복 14획　💡 중복되어 복잡하니 겹칠 복

複利복리 : 복리법으로 계산된 이자
複數복수 : 둘 이상인 수

마개로 술독 입구를 막은 모양(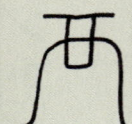)을 본떠서

덮을 아 6획

西

서녘 서 6획 💡 **사방 네 방위 중 서쪽 서녘 서**

西洋서양 : 구미의 여러 나라
關西관서 : 평안도와 황해도 북부 지역

要

중요할 요 9획 💡 **여자가 손을 중요한 허리에 대고 서니 중요할 요**

要因요인 : 중요한 원인
重要중요 : 귀중하고 요긴함

조삼모사
朝三暮四

[뜻] 아침에 세 개, 저녁에 네 개라는 뜻으로 당장 눈앞에 보이는 차이만을 신경 쓰지만, 그 결과가 같다는 것을 나타내는 말이다.

[어휘] 朝 : 아침 조 / 三 : 석 삼 / 暮 : 저물 모 / 四 : 넉 사

[어순] 병렬 관계 : (朝三) + (暮四)

[유래] 전국시대 때, 송(宋)나라에 저공(狙公)이라는 사람이 있었다. 그는 원숭이를 너무 좋아해서 집에서 여러 마리를 기르고 있었다. 얼마나 원숭이를 좋아했는지 자기 이름에도 원숭이 저(狙)자를 쓸 정도였다. 저공은 항상 원숭이들을 잘 대해줘서 원숭이들은 저공을 무척 따랐다. 그런데 원숭이가 많아 먹이도 많이 필요했다.

그러나 집안 살림이 그리 넉넉하지 않아 사람들이 먹어야할 식량을 나누어서 먹을 정도였다. 서로 가족같이 지내다보니 저공과 원숭이들은 서로 마음이 통하였다. 서로 눈빛만 보아도 마음을 알 정도였다.

어느 날 저공은 식량이 갈수록 줄어들자 할 수 없이 원숭이들의 먹이를 줄여야겠다고 결정을 하였다. 그러나 원숭이들에게 무작정 먹이를 줄이겠다고 말하면 화를 낼지도 모르는 일이었다. 그래서 어떻게 하면 좋을지 이 궁리 저 궁리를 한 끝에 좋은 아이디어를 생각해냈다. 저공은 원숭이들이 기분 상하지 않도록 조심스럽게 말하였다.

"너희들에게 주는 도토리를 아침에 3개, 저녁엔 4개를 주려고 하는데 다들 괜찮겠니?"

원숭이들은 저공의 말을 듣고 모두 펄쩍 뛰며 아우성을 쳤다. 아침에 도토리 3개로는 배가 고프기 때문에 원숭이들이 불만을 가졌다는 것을 알고 말을 바꿔서 말했다.

"그러면 이렇게 하겠다. 아침에 4개, 저녁에 3개면 괜찮겠니?"

원숭이들을 아침에 도토리의 양이 하나 늘어난 것을 듣고 박수를 치며 기뻐하였다.

見 볼 견 7획

무릎을 꿇은 자가 위를 보는 모양(𥃩)을 본떠서

見 볼 견 7획

💡 눈으로 보니 볼 견

見聞견문 : 보고 들음
見解견해 : 의견과 해석

規 법 규 11획

💡 훌륭한 사람(夫)이 바르게 보니(見) 법 규

規模규모 : 크기나 구조
規則규칙 : 지켜야 할 준칙

視 볼 시 12획

💡 보고 또 보니 볼 시

視野시야 : 한 눈에 볼 수 있는 범위
監視감시 : 단속코자 주의 깊게 살핌

親 어버이 친 16획

💡 나무(木) 위에 서서(立) 자식을 살피니(見) 어버이 친

兩親양친 : 부모
親密친밀 : 썩 사이가 좋음

覺 깨달을 각 20획

💡 배운 것(學)에 확실히 눈 뜨니(見) 깨달을 각

感覺감각 : 느낌
覺悟각오 : 마음의 준비

覽 볼 람 21획

💡 신하가 두루 살펴 감독하니 볼 람

觀覽관람 : 연극 등을 구경하다
展覽전람 : 작품 등을 진열해 놓고 일반에게 보임

 볼 관 25획 💡 황새가(雚) 멀리 바라보니(見) 볼 관

外觀외관 : 겉으로 드러난 모양
觀測관측 : 관찰하여 측정하다

 소 뿔의 모양()을 본떠서

뿔 각 7획

 뿔 각 7획 💡 소들이 소싸움에서 뿔을 뽐내며 싸우니 뿔 각

角度각도 : 각의 크기. 사물을 보는 관점
頭角두각 : 뛰어난 학식이나 재능

 풀 해 13획 💡 소(牛) 뿔(角)을 칼(刀)로 잘라 해체하니 풀 해

解決해결 : 얽힌 일을 풀어서 잘 처리함
和解화해 : 서로 안 좋은 감정을 풀어 없앰

 말씀 언 7획

말하고 있는 입 모양 (🗣)

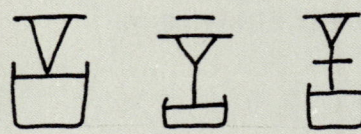

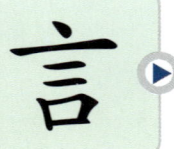 말씀 언 7획　💡 입으로 말을 하니 말씀 언

豫言예언 : 미래의 일을 미리 알거나 예측하여 말함
言行언행 : 말과 행동

 셀 계 9획　💡 말(言)로 묶음(十)씩을 헤아려 세니 셀 계

計算계산 : 수량을 헤아림
生計생계 : 살아갈 방도

 기록할 기 10획　💡 자기(己)의 말(言)을 기록하니 기록할 기

記錄기록 : 사실을 적음
記事기사 : 사실 그대로 적음

 칠, 토론할 토 10획　💡 말(言)로 상대방을 치니(寸) 칠 토

討伐토벌 : 무력으로 쳐 없앰
檢討검토 : 내용을 분석하여 따짐

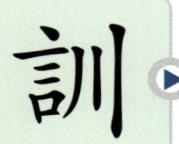 가르칠 훈 10획　💡 바른말(言)로 흐르는 물(川)처럼 가르치니 가르칠 훈

訓戒훈계 : 타일러서 경계함
訓練훈련 : 가르쳐서 익히게 함

 찾을 방 11획　💡 방법(方)을 묻기(言)위해 찾아가 방문하니 찾을 방

訪問방문 : 찾아봄
探訪탐방 : 구경하기 위하여 찾아가다

1획
2획
3획
4획
5획
6획
7획
8획
9획
10획
11획
12획
13획
14획
15획
16획

設 ▶
베풀 설 11획

💡 작업(殳)을 열심히 하도록 말(言)로 베푸니 베풀 설

設計설계 : 계획을 세움
施設시설 : 기계, 장치 등을 설비함

許 ▶
허락할 허 11획

💡 오후(午)에 외출하라 말(言)해 허락하니 허락할 허

許可허가 : 어떤 일을 할 수 있도록 허용함
許容허용 : 허락하여 너그럽게 받아들임

評 ▶
평할 평 12획

💡 공평(平)하게 말(言)하니 평할 평

評價평가 : 가치나 수준 등을 평함
品評품평 : 좋고 나쁨을 평함

詩 ▶
시 시 13획

💡 절(寺)의 말씀(言)이 시처럼 아름다우니 시 시

詩想시상 : 시를 짓기 위한 착상이나 구상
詩興시흥 : 시를 짓고 싶은 마음

試 ▶
시험 시 13획

💡 격식에 맞는 말(言)인지 시험(式)하니 시험 시

試圖시도 : 계획하거나 행동함
試驗시험 : 실력을 검사하고 평가함

話 ▶
말씀 화 13획

💡 혀(舌)를 움직이며 재미있게 말(言)하니 말씀 화

話術화술 : 말하는 기교
神話신화 : 고대인의 표상이 전승되어 내려온 설화

說 ▶
말씀 설 14획

💡 기뻐(兌)하며 말(言)하니 말씀 설

說明설명 : 풀이하여 밝힘
演說연설 : 주장이나 의견을 진술함

誠 ▶
정성 성 14획

💡 확실히 정리하여(成) 정성스럽게 말(言)하니 정성 성

誠實성실 : 성의가 있고 진실함
忠誠충성 : 진정에서 우러나오는 정성

1획
2획
3획
4획
5획
6획
7획
8획
9획
10획
11획
12획
13획
14획
15획
16획

語

말씀 어 14획 💡 서로 말(言)을 주고 받으며(吾) 말하니 말씀 어

語感어감 : 말이 주는 느낌
語不成說어불성설 : 말이 전혀 사리에 맞지 아니함

誤

잘못 오 14획 💡 잘못으로 머리를 숙여(吳) 말하니(言) 잘못 오

誤報오보 : 잘못된 보도
誤判오판 : 잘못 판단함

認

알 인 14획 💡 인정하고 시인하니 알 인

認可인가 : 인정하여 허가함
否認부인 : 그러하다고 인정하지 아니함

誌

기록할 지 14획 💡 말(言)을 써서 뜻(志)을 남기니 기록할 지

誌面지면 : 잡지에서 실리는 종이의 면
日誌일지 : 그날그날의 일을 적은 기록

課

과정 과 15획 💡 말(言)이 열매(果) 맺기까지의 긴 과정 과정 과

課外과외 : 정해진 학과 과정 이외
課程과정 : 학습할 과목의 내용과 분량

談

말씀 담 15획 💡 화롯가(炎)에 앉아 말(言)을 나누니 말씀 담

談笑담소 : 웃으며 이야기함
談判담판 : 쌍방이 서로 의논하여 시비를 가림

論

논할 론 15획 💡 책을 펴 모아(侖) 의논하니(言) 논할 론

論證논증 : 논의하여 증명함
反論반론 : 남의 논설이나 논평 등에 반박함

調

어울릴 조 15획 💡 두루 어울리게(周) 말(言)하니 어울릴 조

調査조사 : 자세히 살펴보거나 찾아봄
調和조화 : 서로 잘 어울림

請

청할 청 15획 💡 푸른(靑) 뜻을 말(言)하며 청하니 청할 청

請求청구 : 청하여 구함
請願청원 : 국민이 관공서 등에 어떤 행정 처리를 청구하는 일

講

강론할 강 17획 💡 말(言)을 짜맞추며(冓) 알아듣게 말하니 강론할 강

講師강사 : 강의를 하는 사람
特講특강 : 특별히 하는 강의

謝

사례할 사 17획 💡 사죄하며 사례하니 사례할 사

謝過사과 : 잘못한 것을 인정하고 용서를 빎
感謝감사 : 고맙게 여김

謠

노래 요 17획 💡 말(言)을 천천히 흘리며(䍃) 노래하니 노래 요

歌謠가요 : 널리 대중이 즐겨 부르는 노래
童謠동요 : 어린이를 위하여 지은 노래

識

알 식 19획 💡 박식하여 아는 것이 많으니 알 식

識別식별 : 분별함
博識박식 : 지식이 넓음

證

증거 증 19획 💡 말(言)을 올려(登) 증거로 삼으니 증거 증

證明증명 : 증거를 들어 밝힘
確證확증 : 확실히 증명함

警

경계할 경 20획 💡 조심하도록 경계(敬)하며 말(言)하니 경계할 경

警告경고 : 주의시킴
警鐘경종 : 경계하여 주는 주의나 충고

議

의논할 의 20획 💡 의논하여 옳게 정하니 의논할 의

建議건의 : 의견이나 희망을 내놓음
協議협의 : 여러 사람이 모여 서로 의논함

護 ▶ 보호할 호 21획 💡 말(言)로 변호해 주니 보호할 호

護衛호위 : 보호하고 지킴
辯護변호 : 남을 변명해주고 감싸서 도와줌

讀 ▶ 읽을 독 22획 💡 책을 낭독하여 읽으니 읽을 독

讀書독서 : 책을 읽음
讀解독해 : 글을 읽어 이해함

變 ▶ 변할 변 23획 💡 뒤섞인 것(絲)을 회초리 쳐(攵) 변하게 하니 변할 변

變德변덕 : 이랬다저랬다 잘 변하는 태도나 성질
異變이변 : 예상치 못한 사태나 괴이한 변고

讚 ▶ 기릴 찬 26획 💡 앞(先)으로 치켜세우며 말(言)하니 기릴 찬

讚美찬미 : 아름다움을 기리어 칭송함
自畵自讚자화자찬 : 자기가 한 일에 대해서 스스로 칭찬하다

谷
골 곡 7획

계곡에서 물이 흐르는 모양(숍)을 본떠서

谷 ▶ 골 곡 7획 💡 골짜기에 계곡물이 흐르니 골 곡

溪谷계곡 : 물이 흐르는 골짜기
峽谷협곡 : 험하고 좁은 골짜기

226

제사용기에 담긴 음식의 모양()을 본떠서

콩 두 7획

콩 두 7획   💡 두부는 콩으로 만드니 콩 두

大豆대두 : 콩
豆滿江두만강 : 우리나라 동북부를 흐르는 강

풍성할 풍 13획   💡 풍년으로 콩(豆)이 가득하니 풍성할 풍

豊盛풍성 : 넉넉하고 많음
豊足풍족 : 넉넉하여 부족함이 없음   ☞ 豊은 豐의 약자임.

돼지의 모양()을 본떠서

돼지 시 7획

코끼리 상 12획   💡 상아(象牙)는 코끼리의 엄니이니 코끼리 상

形象형상 : 사물의 생긴 모양이나 상태
現像현상 : 사물의 모양과 상태

227

豕

옛날엔 집(宀) 안에서 돼지(豕)를 키웠으니

家族(가족)　出家(출가)
家庭(가정)　作家(작가)
大家(대가)

家
집 가

豕
돼지 시

逐
쫓을 축

豚
돼지 돈

돼지(豕)의 옆모양(주둥이, 네 다리 꼬리)을 본뜬 글자

豕圈(시권): 돼지를 가두어 키우는 곳

돼지(豕)는 고기살(月－肉)이 많으니

養豚(양돈)　豚肉(돈육)

달아나는 돼지(豕)를 잡으러 쫓아가는(辶) 모양

逐出(축출)　角逐(각축)
角逐場(각축장)
角逐戰(각축전)
驅逐艦(구축함)

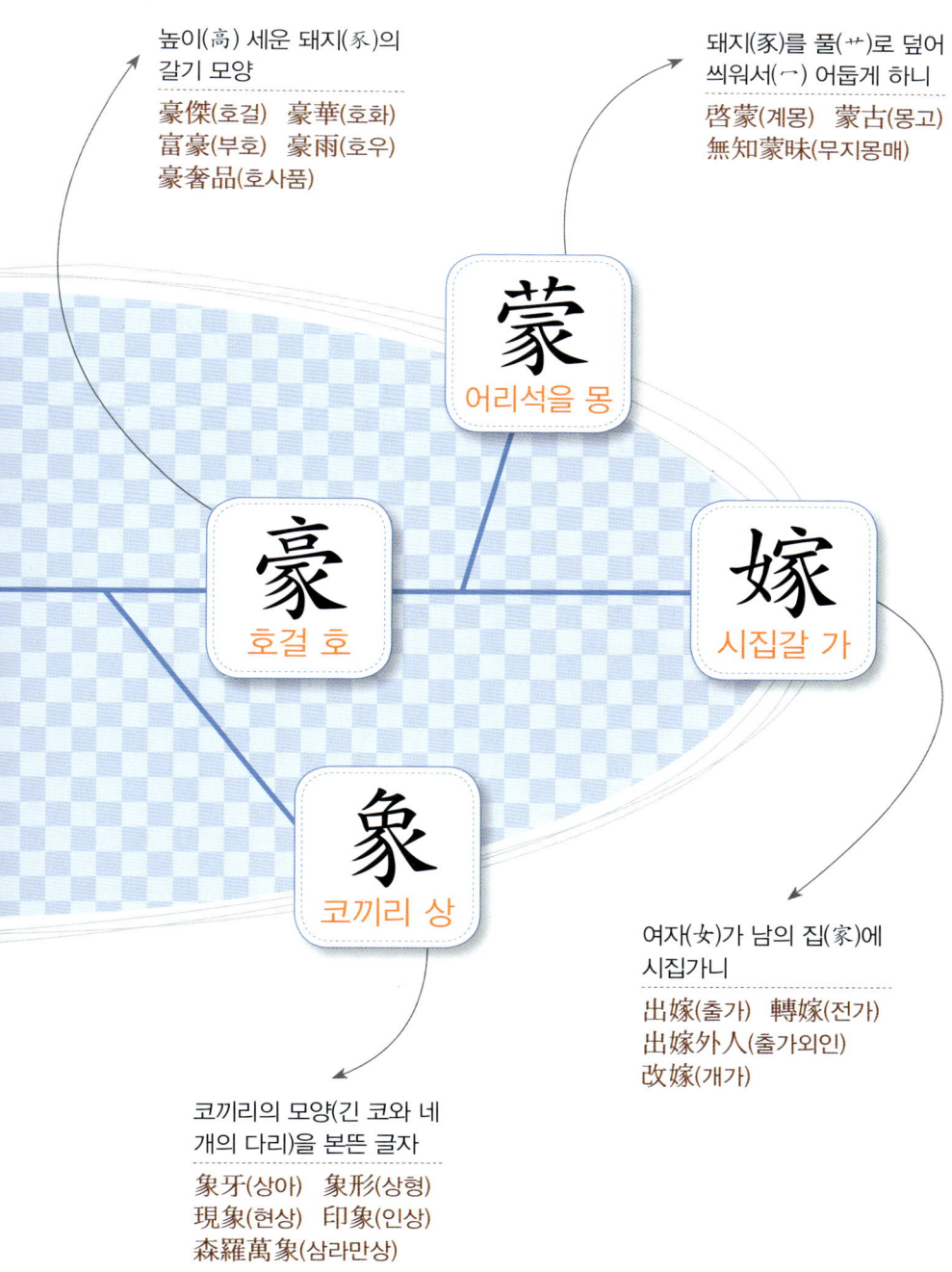

높이(高) 세운 돼지(豕)의
갈기 모양

豪傑(호걸) 豪華(호화)
富豪(부호) 豪雨(호우)
豪奢品(호사품)

돼지(豕)를 풀(艹)로 덮어
씌워서(冖) 어둡게 하니

啓蒙(계몽) 蒙古(몽고)
無知蒙昧(무지몽매)

蒙
어리석을 몽

豪
호걸 호

嫁
시집갈 가

象
코끼리 상

여자(女)가 남의 집(家)에
시집가니

出嫁(출가) 轉嫁(전가)
出嫁外人(출가외인)
改嫁(개가)

코끼리의 모양(긴 코와 네
개의 다리)을 본뜬 글자

象牙(상아) 象形(상형)
現象(현상) 印象(인상)
森羅萬象(삼라만상)

豫

미리 예 16획

💡 코끼리(象)는 자신의 죽음을 미리(予) 안다고 하니 미리 예

豫感예감 : 본능적으로 미리 느낌
豫想예상 : 어떤 일을 미리 생각하여 둠

豸

갖은돼지 시 7획

맹수의 입, 허리, 꼬리 모양(𤉢)을 본떠서

貌

모양 모 14획

💡 미모의 얼굴모양이니 모양 모

容貌용모 : 사람의 얼굴 모양
美貌미모 : 아름다운 얼굴 모습

貝

조개 패 7획

조가비의 모양(◊)을 본떠서

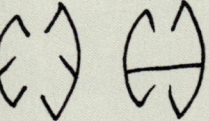   

負

질 부 9획

💡 어깨에 재물(貝)을 지니 질 부

負傷부상 : 상처를 입음
勝負승부 : 이기고 짐

財 ▶

재물 재 10획 💡 재물(貝) 모으는 재주(才)가 있으니 재물 재

財物재물 : 돈이나 값나가는 모든 물건
文化財문화재 : 문화면에서 가치가 높다고 인정되는 유형, 무형의 사물

貧 ▶

가난할 빈 11획 💡 재물(貝)을 나누어(分) 가난해지니 가난할 빈

貧困빈곤 : 가난한 살림이 어려움
貧弱빈약 : 보잘것없음

責 ▶

꾸짖을 책 11획 💡 재물을 잃어 꾸짖으니 꾸짖을 책

責望책망 : 허물을 들어 꾸짖음
責任책임 : 맡겨진 임무

貨 ▶

재화 화 11획 💡 재물(貝)은 다른 물건과 바꿀 수 있는 돈(化)이니 재화 화

貨物화물 : 운반할 수 있는 물품, 짐
寶貨보화 : 귀한 가치가 있는 보배로운 물건

貴 ▶

귀할 귀 12획 💡 재물이 많이 담겨 있어 귀하니 귀할 귀

富貴부귀 : 재산이 많고 지위가 높음
貴下귀하 : 상대방을 높여 이르는 말

買 ▶

살 매 12획 💡 그물로 떠내듯 사서 모으니 살 매

買入매입 : 사들임
競買경매 : 값을 가장 높이 부르는 사람에게 파는 일

費 ▶

쓸 비 12획 💡 재물을 써서 없애니 쓸 비

費用비용 : 드는 돈
經費경비 : 어떤 일을 하는 데 드는 비용

貯 ▶

쌓을 저 12획 💡 재물을 모아 쌓아 두니 쌓을 저

貯金저금 : 돈을 모아 둠
貯蓄저축 : 절약하여 모아 둠

資 ▶ 재물 자 13획　💡재물(貝)이 차례차례(次) 모이니 재물 자

資格자격 : 일정한 신분이나 지위
投資투자 : 사업에 자본을 대다

賊 ▶ 도둑 적 13획　💡도둑이 재물을 훔치니 도둑 적

逆賊역적 : 임금에게 반역하는 사람
海賊해적 : 바다에서 재물을 빼앗는 강도

賣 ▶ 팔 매 15획　💡물건을 팔려고 내놓으니 팔 매

賣盡매진 : 전부 다 팔림
賣店매점 : 물건을 파는 가게

賞 ▶ 상줄 상 15획　💡공 있는 자에게 재물(貝)을 더해(尙) 상 주니 상줄 상

賞金상금 : 업적을 격려하기 위하여 주는 돈
賞罰상벌 : 상과 벌

質 ▶ 바탕 질 15획　💡재물을 가지런히 놓아(所) 바탕으로 삼으니 바탕 질

質疑질의 : 의심나는 것을 물음
質責질책 : 잘못을 책망함

賢 ▶ 어질 현 15획　💡많은 재물(貝)을 남들과 어질게(臤) 나누니 어질 현

賢明현명 : 어질고 사리에 밝음
聖賢성현 : 성인(聖人)과 현인(賢人)

赤 붉을 적 7획

빨갛게 타오르는 큰불의 모양()을 본떠서

붉을 적 7획

💡 **큰 불(火)이나 땅(土)이 붉게 보이니 붉을 적**

赤字적자 : 수입보다 지출이 많음
赤信號적신호 : 위험한 상태의 각종 조짐

走 달릴 주 7획

팔을 휘저으며 가는 사람 발의 모양(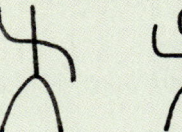)을 본떠서

달릴 주 7획

💡 **사람이 달리는 모양 달릴 주**

競走경주 : 달리기
逃走도주 : 도망

일어날 기 10획

💡 **달리려면(走) 몸(己)이 일어나야 하니 일어날 기**

起伏기복 : 높고 낮음
起用기용 : 어떤 사람을 뽑아 씀

뜻 취 15획　💡 달려가(走) 뜻을 얻으니(取) 뜻 취

趣味취미 : 즐기기 위하여 하는 일
趣向취향 : 자신이 하고 싶은 욕구가 생기는 방향

발에서 종아리까지의 모양(⿰)을 본떠서

발 족 7획

만족할 족 7획　💡 발이 편안하니 만족할 족

滿足만족 : 마음에 흡족함
手足수족 : 자기의 손이나 발처럼 마음대로 부리는 사람

길 로 13획　💡 각각(各) 걸어 다니는(足) 길이 있으니 길 로

路程노정 : 목적지까지의 거리
道路도로 : 사람, 차가 다니는 길. 인도나 차도

지록위마
指鹿爲馬

[뜻] 사슴을 가리켜 말이라고 한다는 뜻으로 윗사람을 농락하여 권세를 마음대로 휘두르는 전횡을 가리키는 말이다.

[어휘] 指 : 가리킬 지 / 鹿 : 사슴 록 / 爲 : 할 위 / 馬 : 말 마

[어순] 술어(指) + 목적어/주어(鹿) + 술어(爲) + 목적어(馬)

[유래] 진(秦)나라 때, 진시황제가 순행 중에 돌연 죽음을 맞이했다. 진시황은 죽기 전 장자인 부소(扶蘇)에게 황제의 자리를 물려준다는 유언을 담은 조서를 남겼지만 환관 조고(趙高)가 조서를 가로채고 부소를 죽이고 어린 호해(胡亥)를 황제로 삼았다. 똑똑한 부소보다는 어리석고 변변치 못한 호해가 다루기 쉬웠기 때문이었다.

호해는 즉위하자마자 자기는 세상의 온갖 쾌락을 다 맛보며 살 거라고 말할 정도로 그야말로 용렬한 위인이었다. 그래서 조고는 쾌재를 부리며 황제의 비위를 맞추려고 맞장구를 쳐주었다.

"폐하, 지당하신 말씀입니다. 그렇게 향락을 영원히 즐기시려면 온갖 방해가 되는 것들을 말끔히 제거하셔야만 합니다. 말 많은 구신들을 내치고 폐하를 위해 분골쇄신할 수 있는 인재들을 새로이 등용하셔야 합니다."

조고는 아둔한 황제의 언질을 받고 나서 경쟁자인 이사(李斯)를 비롯하여 대신, 장군, 왕자 할 것 없이 모두 죽이고 승상의 자리에 올라 막강한 실권을 휘둘렀다.

어느 날 조고는 자신이 권력의 핵심임을 모든 중신에게 일깨워 주려는 차원에서 사슴 한 마리를 말(馬)이라고 하면서 황제에게 헌상하였다. 아무리 용렬한 황제이지만 사슴을 말이라고 하자 여러 신하들에게 진짜 말이냐고 물었다. 그러자 신하들은 조고의 위세에 짓눌려 행여나 잘못 말해 죽음을 당할까봐 거의 대부분 말(馬)이라고 말했다.

身
몸 신 7획

임산부의 모양(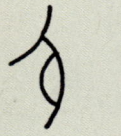)을 본떠서

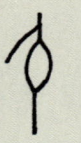 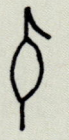  

몸 신 7획

💡 아이 가진 여자의 모습 몸 신

身體신체 : 사람의 몸
身元신원 : 개인의 성장 과정과 관련된 자료

車
수레 거 7획

마차의 모양(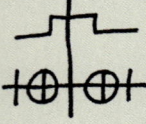)을 본떠서

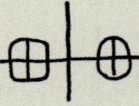 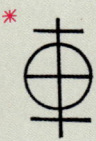

수레 **차**, 수레 **거** 7획

💡 수레의 모양 수레 차

車窓차창 : 차의 창
停車정차 : 차가 멈춤

군사 군 9획

💡 군인이 전차를 타고 싸우니 군사 군

軍紀군기 : 군대의 기율
軍令군령 : 군대의 명령

236

輕 ▶

가벼울 경 14획 · ☞ 곧장 가볍게(巠) 돌진하는 전차(車)이니 가벼울 경

輕視경시 : 깔봄
輕快경쾌 : 가볍고 빠름

輪 ▶

바퀴 륜 15획 · ☞ 가지런히 정리된(侖) 수레의 바퀴이니 바퀴 륜

輪作윤작 : 돌려짓기
車輪차륜 : 차바퀴

轉 ▶

구를 전 18획 · ☞ 둥근 수레바퀴가 굴러가니 구를 전

回轉회전 : 축을 중심으로 둘레를 돎
轉落전락 : 타락한 상태에 빠짐

辛

매울 신 7획

끝의 모양(辛)을 본떠서

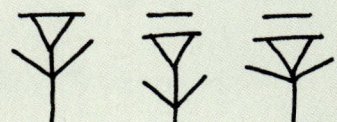

辭 ▶

말씀 사 19획 · ☞ 뒤섞인 것(亂)을 맵고(辛) 명백하게 말하니 말씀 사

辭退사퇴 : 그만두고 물러남
辭表사표 : 사직서. 사임하겠다는 뜻을 적은 문서

辯 ▶

말 잘할 변 21획 · ☞ 말(言)로써 따져 구별하니 말 잘할 변

辨明변명 : 구실을 대며 그 이유를 말함
辯護변호 : 남을 변명하고 감싸서 도와줌

辰

농사 때(辰)가 되어 꾸불한(曲)
밭에 나가 농사지으니

農村(농촌)   農藥(농약)
歸農(귀농)   農場(농장)
營農(영농)

農
농사 농

辰
지지 진

脣
입술 순

晨
새벽 신

辰(진)은 원래 농기구로 쓰였던
대합조개로, 후에 농사짓는 시간
에 관계된 별주기를 나타냄.

日辰(일진)   生辰(생신)
誕辰(탄신)
壬辰倭亂(임진왜란)
日月星辰(일월성신)

입술은 조개(辰)처럼 위 아래
가 같이 움직이는 신체기관
(月—肉—몸의 살)이니

脣齒音(순치음)
脣亡齒寒(순망치한)

해(日)가 뜨기 전 새벽엔
별(辰)이 남아 있으니

晨星(신성) : 새벽별

238

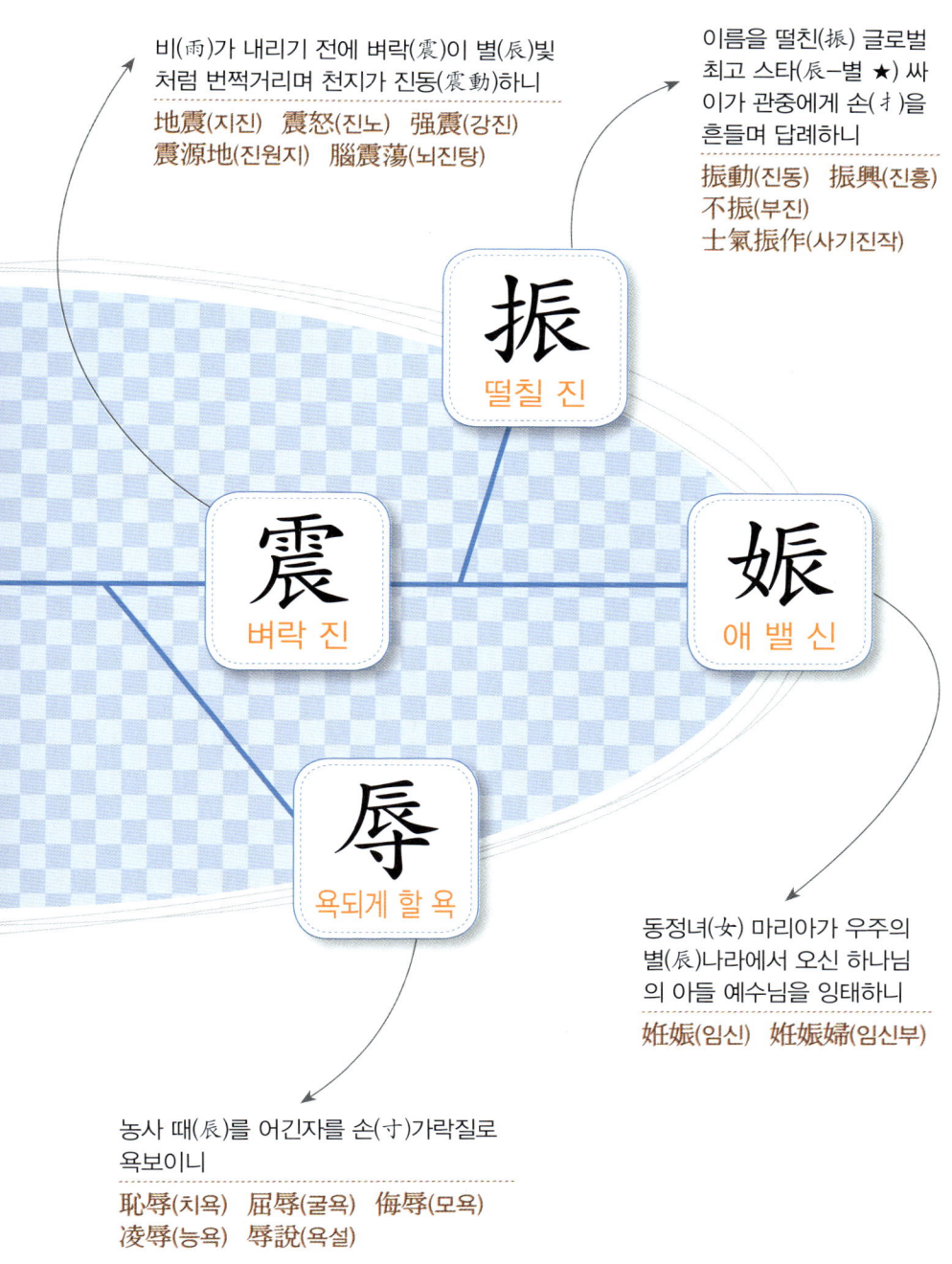

비(雨)가 내리기 전에 벼락(震)이 별(辰)빛
처럼 번쩍거리며 천지가 진동(震動)하니

地震(지진) 震怒(진노) 强震(강진)
震源地(진원지) 腦震蕩(뇌진탕)

이름을 떨친(振) 글로벌
최고 스타(辰−별 ★) 싸
이가 관중에게 손(扌)을
흔들며 답례하니

振動(진동) 振興(진흥)
不振(부진)
士氣振作(사기진작)

振
떨칠 진

震
벼락 진

娠
애 밸 신

辱
욕되게 할 욕

동정녀(女) 마리아가 우주의
별(辰)나라에서 오신 하나님
의 아들 예수님을 잉태하니

姙娠(임신) 姙娠婦(임신부)

농사 때(辰)를 어긴자를 손(寸)가락질로
욕보이니

恥辱(치욕) 屈辱(굴욕) 侮辱(모욕)
凌辱(능욕) 辱說(욕설)

별 진 7획

대합조개의 모양(宸)을 본떠서

욕될 욕 10획

恥辱치욕 : 수치와 모욕
侮辱모욕 : 깔보고 욕되게 함

💡 농사 때(辰)를 어긴 자를 손(寸)가락질로 욕보이니 욕될 욕

농사 농 13획

農藥농약 : 병충해를 없애주고 농작물이 잘 자라게 하는 약품
農場농장 : 농업을 경영하는 곳

💡 농사 때(辰)가 되어 꾸불한(曲) 밭에 나가 농사지으니 농사 농

책받침 4·7획

네거리 길(行)에서 걷는 모양(辶)을 본떠서

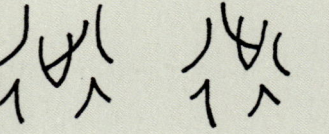

가까울 근 8획

近似근사 : 아주 비슷함
親近친근 : 사이가 아주 가깝다

💡 나무하러 갈(辶) 때 도끼(斤)를 가까이 두니 가까울 근

迎 ▶ 맞이할 영 8획　💡 오는 사람을 우러러(卬) 맞이하니 맞이할 영
迎接영접 : 손님을 맞아서 대접함
歡迎환영 : 기쁜 마음으로 반갑게 맞음

逃 ▶ 달아날 도 10획　💡 도주해 달아나니 달아날 도
逃亡도망 : 달아남
逃避도피 : 달아나 피함

送 ▶ 보낼 송 10획　💡 웃으며(癸) 떠나보내니 보낼 송
送別송별 : 떠나는 사람을 이별하여 보냄. 배웅
發送발송 : 물건, 편지 등을 우편으로 보냄

逆 ▶ 거스를 역 10획　💡 물이 거슬러 역류하니 거스를 역
拒逆거역 : 지시를 따르지 않고 거스름
逆轉역전 : 형세가 뒤집힘

退 ▶ 물러날 퇴 10획　💡 물러나가 머무르니 물러날 퇴
退院퇴원 : 입원한 환자가 병원에서 나옴
脫退탈퇴 : 조직이나 단체에서 물러남

連 ▶ 이을 련(연) 11획　💡 관련되어 연루되어 있으니 이을 련
連結연결 : 서로 이어 맺음
連日연일 : 날마다

速 ▶ 빠를 속 11획　💡 짐을 빨리 묶어서(束)가니 빠를 속
速斷속단 : 깊이 생각하지 않고 내린 결단
速達속달 : 빨리 배달함

造 ▶ 지을 조 11획　💡 신 앞에 나아가(辶) 아뢰(告) 사물을 만드니 지을 조
造作조작 : 일을 꾸며서 만듦
創造창조 : 없던 것을 처음으로 만듦

1획
2획
3획
4획
5획
6획
7획
8획
9획
10획
11획
12획
13획
14획
15획
16획

通 ▶ 통할 통 11획 💡 개통되어 통하니 통할 통
通過통과 : 어떤 곳을 지나감
通達통달 : 막힘없이 환히 통함

週 ▶ 돌 주 12획 💡 주위를 두루 돌아다니니 돌 주
週刊주간 : 한 주일에 한 번씩 발행하는 잡지
週期주기 : 한 바퀴 도는 시기

進 ▶ 나아갈 진 12획 💡 새가 앞으로 나아가니 나아갈 진
進步진보 : 앞으로 나아감
進化진화 : 생물이 점차 변해 가는 현상

過 ▶ 지날 과 13획 💡 통과해서 지나가니 지날 과
過勞과로 : 지나치게 일함
過誤과오 : 잘못. 과실

達 ▶ 통달할 달 13획 💡 새끼 양이 수월하게(羍) 가니(辶) 통달할 달
達成달성 : 목적한 바를 이룸
傳達전달 : 지시 등을 전하여 이르게 함

道 ▶ 길 도 13획 💡 머리(首)를 들고 앞으로 걸어가니(辶) 길 도
道德도덕 : 인간이 지켜야 할 도리
道理도리 : 사람이 행하여야 할 바른 길

遇 ▶ 만날 우 13획 💡 우연히 조우해서 만나니 만날 우
禮遇예우 : 예의를 지키어 정중하게 대우함
待遇대우 : 지위나 급료 등의 근로 조건

運 ▶ 옮길 운 13획 💡 군인(軍)이 전차를 옮기며 도니 옮길 운
運命운명 : 운. 운수
幸運행운 : 좋은 운수

 놀 유 13획 💡 사람들이 방방곡곡 다니며 노니 놀 유

遊覽유람 : 돌아다니며 구경함
遊興유흥 : 흥겹게 놂. 놀이

 멀 원 14획 💡 옷을 챙겨 멀리 가니 멀 원

遠近원근 : 멂과 가까움
永遠영원 : 어떤 상태가 끝없이 이어짐

 알맞을 적 15획 💡 적합하여 알맞으니 알맞을 적

適當적당 : 알맞음
適合적합 : 꼭 들어맞음

 가릴 선 16획 💡 가지런히 놓인(巽) 것을 가서 고르니 가릴 선

選擇선택 : 골라서 뽑음
當選당선 : 선거에서 뽑힘

 남길 유 16획 💡 귀한(貴)것을 남기고 가니 남길 유

遺産유산 : 고인이 남긴 재산
遺傳유전 : 물려받아 내려옴

 좇을 준 16획 💡 존경하는 사람을 따라 좇으니 좇을 준

遵法준법 : 법을 지킴
遵守준수 : 규칙 등을 좇아서 지킴

 피할 피 17획 💡 한쪽으로 피해(辟)가니 피할 피

避亂피란 : 난리를 피함
回避회피 : 몸을 숨기고 만나지 아니함

 가 변 19획 💡 보이지 않는 끝(臱)에 가니 가 변

邊境변경 : 국가의 경계가 되는 변두리 지역
身邊신변 : 몸의 주위. 주변

邑 고을 읍 7획

성(城)에서 앉은 사람의 모양( )을 본떠서

邑 ▶ 고을 읍 7획 💡 군에 속한 지방 행정 구역 고을 읍

邑落읍락 : 읍과 촌락. 마을
都邑도읍 : 한 국가의 수도가 있고, 경제, 정치 등 중심이 되는 도시

郡 ▶ 고을 군 10획 💡 도(道)에 속한 지방 행정 구역 고을 군

郡廳군청 : 군(郡)의 행정 사무를 맡아보는 기관
郡守군수 : 군(郡)의 행정을 맡아보는 최고 직위에 있는 사람

部 ▶ 나눌 부 11획 💡 부서의 간부 나눌 부

部落부락 : 시골에서 민가(民家)가 모여 사는 마을
部下부하 : 직책상 낮은 자리에 있는 사람

郵 ▶ 우편 우 11획 💡 마을(阝) 가장자리(垂)에 역참이니 우편 우

郵便物우편물 : 편지나 소포 등
郵票우표 : 우편물에 붙이는 증표

都 ▶ 도읍 도 12획 💡 사람(者)들이 많이 모인 고을(阝) 도읍 도

首都수도 : 한 국가의 중앙 정부가 있는 도시
都心도심 : 도시의 중심부

鄕 ▶ 시골 향 13획 💡 하얗고 순수한 마을(乡)과 마을(阝) 시골 향

故鄕고향 : 자기가 태어나서 자란 곳
他鄕타향 : 자기 고향이 아닌 고장

酉

닭 유 7획

술독의 모양(酉)을 본떠서

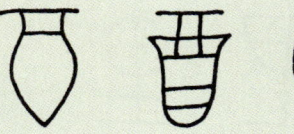

配 ▶

짝 배 10획

💡 술독(酉)을 자기(己) 옆에 놓고 짝으로 삼으니 짝 배

配慮배려 : 관심을 가지고 마음을 써 주다
分配분배 : 배분하다

酒 ▶

술 주 10획

💡 술독(酉)에 담긴 것은 술이니 술 주

飮酒음주 : 술을 마심
禁酒금주 : 술을 마시지 못하게 함

醫 ▶

의원 의 18획

💡 옛날에 술로 상처를 치료했으니 의원 의

醫師의사 : 병을 고치는 사람
醫術의술 : 병을 고치는 기술

里
마을 리 7획

田(밭)과 土(땅)이 결합한 글자 (里)

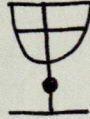

里
마을 리 7획 ▶ 밭(田)이 있고 땅(土)이 있는 마을 리

里程標이정표 : 방향을 알려 주는 표지
萬里長城만리장성 : 중국의 북쪽에 있는 긴 성벽

重
무거울 중 9획 ▶ 천(千)근이 나가도록 무거우니 무거울 중

重量중량 : 무게
重要중요 : 귀중하고 요긴함

野
들 야 11획 ▶ 마을(里)에 주어진(予) 땅이니 들 야

野望야망 : 큰 포부
廣野광야 : 텅 비고 아득히 넓은 들

量
헤아릴 량 12획 ▶ 아침(旦)에 마을(里)에서 법씨를 헤아려 고르니 헤아릴 량

力量역량 : 어떤 일을 해낼 수 있는 힘
器量기량 : 사람의 재능과 도량

246

청출어람
青出於藍

[뜻] 푸른색이 쪽빛에서 나왔다는 뜻으로 제자가 스승보다 더 뛰어남을 나타내는 말이다.

[어휘] 青 : 푸를 청 / 出 : 날 출 / 於 : 어조사 어 / 藍 : 쪽 람

[어순] 주어(青) + 술어(出) + 전치사(於) + 목적어(藍)

[유래] 이 고사성어는 전국시대 때 성악설(性惡說)을 주창한 순자(荀子)의 글 중 권학편(勸學篇)에 나오는 말이다.

"학문이란 중도에서 그만두어서는 안 된다. 푸른색은 쪽풀에서 나왔지만 쪽빛보다 더 푸르다. 얼음은 물이 얼어서 된 것이지만 물보다 더 차다."

(學不可以已. 青取之於藍, 而青於藍. 氷水爲之, 而寒於水.)

(학불가이이. 청취지어람. 이청어람. 빙수위지. 이한어수.)

순자의 위의 구절은, 바로 학문이란 쉼 없이 꾸준히 해야 되는 것이므로 하다가 말아서는 절대로 안 됨을 강조하는 말이다. 마치 푸른색이 쪽빛보다 더 푸르고, 또한 얼음이 물보다 더 차듯이 학문에 뜻을 두고 더 열심히 정진하면 언젠가 스승을 뛰어넘는 학문의 깊이를 지닌 제자도 나타난다는 뜻이다. 그래서 제자가 스승보다 뛰어나다는 것을 나타낼 때는 '청출어람'으로 표현하게 된다. 비록 제자라고 하더라도 노력에 노력을 더하면 얼마든지 스승을 능가할 수 있고, 더 나아가 학문이 더욱 더 원숙한 단계에 이르며, 또한 더 높은 학문의 경지에까지 이르게 되고, 학문의 최고 덕목인 인격과 덕이 완성된다. 또 한 예를 보자.

남북조 북위 때, 이밀(李謐)이라는 사람이 있었다. 그는 스승인 공번(孔璠)에게 배웠는데 학문성취가 빨랐다. 얼마 후, 스승을 능가하자 스승인 공번은 제자였던 이밀을 스승으로 섬겨 그의 제자가 되었다. 동문들이 이 또한 '청출어람'이라고 칭찬하며 말했다고 전한다.

金
쇠 금 8획

금속, 화살촉, 도끼의 모양(全)을 본떠서

스 金 全 金 金

金 ▶
쇠 금 8획

💡 금괴는 황금 덩어리이니 쇠 금

金屬금속: 쇠붙이
罰金벌금: 규칙을 위반했을 때 벌로 내는 돈

針 ▶
바늘 침 10획

💡 쇠로 침을 만드니 바늘 침

針術침술: 바늘로 찔러서 병을 고치는 동양 의술
方針방침: 일을 처리할 방향이나 계획

鉛 ▶
납 연 13획

💡 검푸른(㕦) 금속(全)이니 납 연

鉛筆연필: 흑연과 점토로 만든 심(心)을 나무 속에 넣은 필기도구
黑鉛흑연: 탄소로 구성된 광물의 하나

銅 ▶
구리 동 14획

💡 거푸집에 넣어 같게(同) 만드는 금속(全)이니 구리 동

銅錢동전: 구리로 만든 돈
靑銅청동: 구리와 주석의 합금

銀 ▶
은 은 14획

💡 뚜렷하게 눈에 띄는(艮) 금속이니 은 은

銀貨은화: 은으로 만든 돈
銀河은하: 천구(天球) 위에 길게 분포되어 있는 수억 개의 항성 무리

銃 ▶
총 총 14획

💡 총알(금속, 全)이 가득찬(充) 총 총

銃彈총탄: 총알. 탄알
銃殺총살: 총을 쏘아 죽임

錄 ▶

기록할 록 16획

🔅 금속에 파서 새겨(彔) 기록하니 기록할 록

錄音녹음 : 소리를 테이프에 기록함
記錄기록 : 어떤 사실을 적음

錢 ▶

돈 전 16획

🔅 동전은 금속으로 만든 돈이니 돈 전

金錢금전 : 화폐
銅錢동전 : 구리로 만든 돈

鏡 ▶

거울 경 19획

🔅 뚜렷하게 비치는(竟) 금속이니 거울 경

破鏡파경 : 사이가 나빠 부부가 헤어지다
眼鏡안경 : 시력이 나빠 눈을 잘 보이게 하기 위하여 눈에 쓰는 것

鐘 ▶

종 종 20획

🔅 아이(童)들이 쇠종을 치며 노니 종 종

自鳴鐘자명종 : 저절로 울리는 시계
招人鐘초인종 : 사람을 부르는 신호로 울리는 종

鐵 ▶

쇠 철 21획

🔅 창(戈)도 만들 수 있는 금속(金)이니 쇠 철

鐵則철칙 : 엄격한 규칙
鐵甲철갑 : 쇠로 만든 갑옷

鑛 ▶

쇳돌 광 23획

🔅 넓게(廣) 매장돼 있는 금속이니 쇳돌 광

鑛脈광맥 : 광물이 많이 묻혀 있는 줄기
鑛山광산 : 광물을 캐내는 곳

長

길 장 7·8획

지팡이를 짚은 긴 머리의 노인(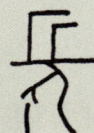)을 본떠서

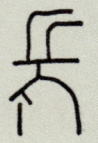 

長

길 장 8획

💡 장수하여 오래 사니 길 장

長短장단 : 깊과 짧음
長壽장수 : 오래 삶

門

문 문 8획

문의 모양()을 본떠서

門

문 문 8획

💡 두 개의 문짝 모양 문 문

門外漢문외한 : 어떤 일에 직접 관계가 없는 사람
關門관문 : 국경이나 요새의 성문

閉

닫을 폐 11획

💡 문(門)을 닫고 빗장을 건 모양(才)이니 닫을 폐

密閉밀폐 : 틈이 없이 꼭 막음
閉會폐회 : 회의를 마침

間 ▶ 틈 간 12획　 문 사이로 햇볕(日)이 틀어오니 틈 간

空間공간 : 비어있는 곳
時間시간 : 때. 시각

開 ▶ 열 개 12획　💡 문을 개방하여 여니 열 개

開閉개폐 : 엶과 닫음
開化개화 : 사람의 지혜가 열려고 문화가 새롭게 진보함

閑 ▶ 한가 한 12획　💡 문 사이를 나무로 막고 한가히 서있으니 한가 한

閑暇한가 : 조용하고 시간 여유가 있음
閑良한량 : 돈 잘 쓰고 잘 노는 사람

關 ▶ 빗장 관 19획　💡 문을 닫아 빗장을 거니 빗장 관

稅關세관 : 비행장 등에서 관세 등이나 검역 사무를 맡아보는 곳
關心관심 : 마음이 끌려 주의를 기울임

阜

阝

언덕 부 3·8획

계단의 모양(阝)을 본떠서

防 ▶ 둑 방 7획　💡 사방(方)에 흙을 쌓으니(阝) 둑 방

防止방지 : 막아서 그치게 함
防犯방범 : 범죄가 일어나지 않게 막음

限

한할 한 9획

💡 언덕에 가만히 머무르니(艮) 한할 한

限界한계 : 사물의 정해놓은 범위
期限기한 : 미리 한정하여 놓은 시기

降

내릴 강, 항복할 항 9획

💡 높은 곳(阝)에서 내리니 내릴 강

降伏항복 : 상대편에게 굴복함
降雨강우 : 비가 내림

院

집 원 10획

💡 언덕 위 온전한(完) 저택이니 집 원

院長원장 : 기관의 우두머리
病院병원 : 병을 진찰하고 치료하는 곳

除

제거할 제 10획

💡 쌓아 올린(阝) 나머지 부분(余)을 제거하니 제거할 제

除去제거 : 없앰
除名제명 : 명단에서 이름을 빼어버림

陣

진칠 진 10획

💡 언덕에 전차로 진을 치니 진칠 진

陣營진영 : 진을 친 곳
陣地진지 : 진을 친 지역

陸

뭍 육 11획

💡 잘 다져진 땅의 언덕이니 뭍 육

陸軍육군 : 육지에서 공격과 방어를 하는 군대
陸上육상 : 뭍 위

陰

응달 음 11획

💡 언덕에 구름이 드리워져 어두우니 응달 음

陰地음지 : 응달
陰散음산 : 날씨가 흐리고 으스스하다

階

섬돌 계 12획

💡 한결같이 가지런히(皆) 놓인 언덕이니 섬돌 계

階段계단 : 층계
階層계층 : 지위가 비슷한 사람들의 부류

252

隊 ▶ 무리 대 12획 💡 언덕에 돼지들이 무리지어 다니니 무리 대

隊列대열 : 대오를 지어 늘어선 행렬
除隊제대 : 군대 복무가 해제됨

陽 ▶ 볕 양 12획 💡 언덕에 볕(昜)이 뜨니 볕 양

陽地양지 : 볕이 바로 드는 곳
太陽태양 : 태양계의 중심이 되는 항성

障 ▶ 막을 장 14획 💡 언덕에 명백하게 구분지어(章) 막으니 막을 장

故障고장 : 기계 등이 망가짐. 기능상의 장애
障壁장벽 : 가리어 막은 벽

際 ▶ 사귈 제 14획 💡 언덕에서 제사(祭) 지낼 때 접촉하여 사귀니 사귈 제

交際교제 : 서로 사귀어 가까이 지냄
國際국제 : 나라 사이의 교제, 관계

險 ▶ 험할 험 16획 💡 깎아지른 듯 서 있는(僉) 언덕이 험하니 험할 험

險難험난 : 험하고 어려움
險惡험악 : 지세, 기후, 생김새 등이 험하고 나쁘다

隱 ▶ 숨을 은 17획 💡 언덕에 숨어 가려서 보이지 않으니(㥯) 숨을 은

隱密은밀 : 숨겨 비밀히 함
隱退은퇴 : 물러나 한가히 삶

隹 새 추 8획

새의 모양(🐦)을 본떠서

雄 수컷 웅 12획

💡 굳센 수컷 새 수컷 웅

雄大웅대 : 웅장하고 큼
雄志웅지 : 웅대한 뜻

集 모일 집 12획

💡 나무 위로 새가 모이니 모일 집

集團집단 : 모임. 떼
集中집중 : 한곳을 중심으로 모임

雜 섞일 잡 18획

💡 나무 위에 새들이 섞여있으니 섞일 잡

雜念잡념 : 잡스러운 생각
雜談잡담 : 쓸데없이 지껄이는 말

難 어려울 난 19획

💡 진흙(菫)속에 빠진 새가 빠져나오기 힘드니 어려울 난

難關난관 : 일을 할 때 부딪치는 어려운 고비
困難곤란 : 어려움

離 떠날 리 19획

💡 맹수를 만나 새들이 흩어져 달아나니 떠날 리

離脫이탈 : 떨어져 벗어남
離婚이혼 : 부부의 인연을 끊음

비 내리는 모양(兩)을 본떠서

雨 비 우 8획

雨 ▶

비 우 8획 💡 하늘에서 비가 내리는 모양 비 우

暴雨폭우 : 한꺼번에 많이 쏟아지는 비
降雨강우 : 비가 내림

雪 ▶

눈 설 11획 💡 비가 얼어 눈이 되니 눈 설

雪景설경 : 눈이 내리거나 눈이 쌓인 경치
白雪백설 : 흰 눈

雲 ▶

구름 운 12획 💡 구름은 비를 내리니 구름 운

雲集운집 : 사람들이 사방에서 많이 모여듦
風雲풍운 : 바람과 구름

電 ▶

번개 전 13획 💡 비가 오는 중에 번개가 치니 번개 전

電燈전등 : 전기를 이용한 등
電波전파 : 전기의 파동

브레인 스토밍 한자

非

輩
무리 배

여러 무리의 수레(車)가 새의 날개(非)처럼 나란히 있는 모양

先輩(선배) 不良輩(불량배)
後輩(후배) 暴力輩(폭력배)
人才輩出(인재배출)

非
아닐 비

새의 날개가 좌우 양쪽 반대 방향에 있어서 '아니다'의 뜻임.

非行(비행) 非難(비난)
非情(비정) 是非(시비)
非常(비상)

悲
슬플 비

마음(心)이 새 날개(非)처럼 둘로 갈라지는 슬픔

悲哀(비애) 悲觀(비관)
悲鳴(비명) 悲慘(비참)
無慈悲(무자비)

罪
허물 죄

잘못(非)을 저질러 법망(法網 – 罒, 网)에 걸려 죄(罪)를 받으니

罪名(죄명) 罪囚(죄수) 贖罪(속죄)
輕犯罪(경범죄) 犯法者(범법자)

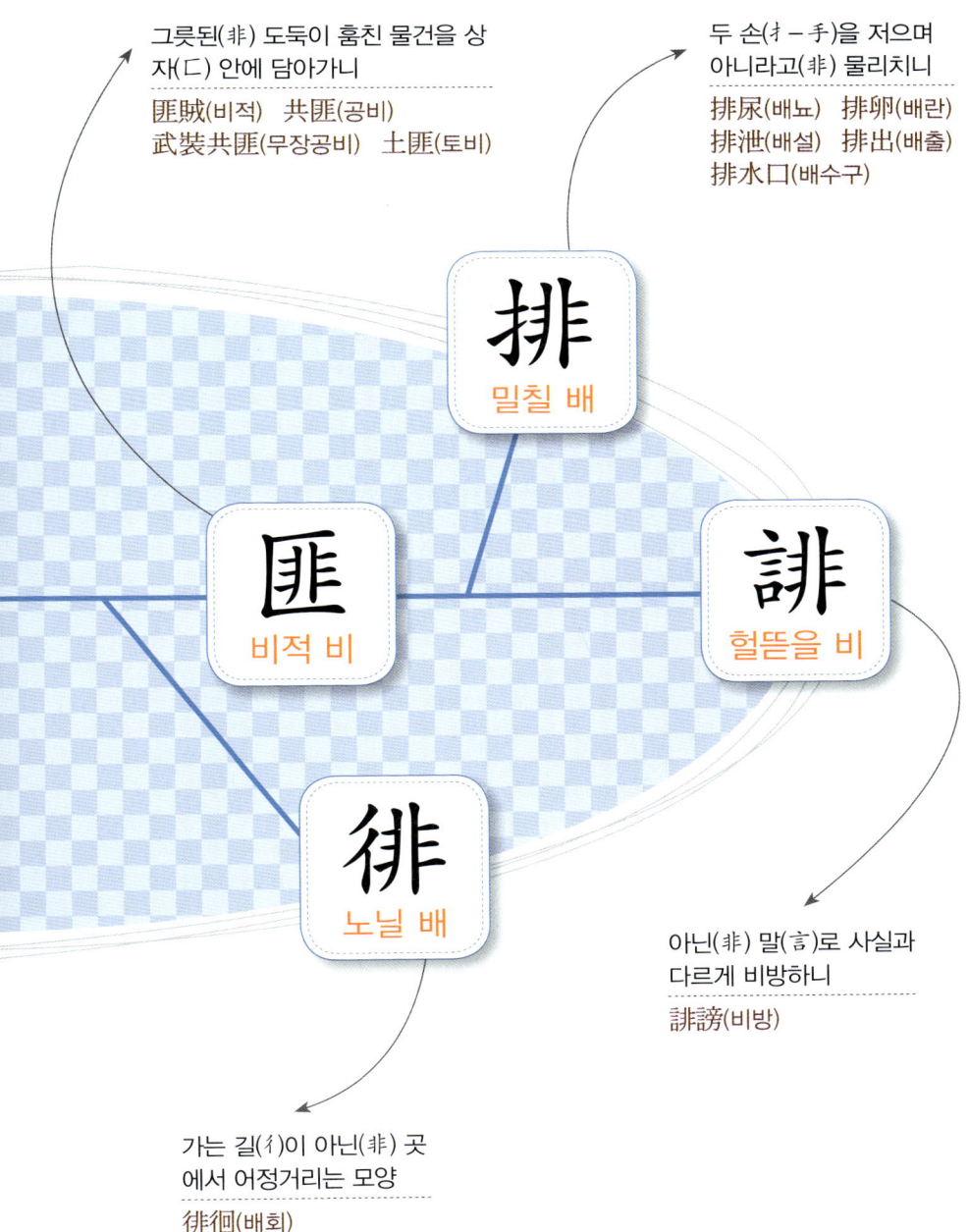

그릇된(非) 도둑이 훔친 물건을 상
자(匚) 안에 담아가니

匪賊(비적)　共匪(공비)
武裝共匪(무장공비)　土匪(토비)

두 손(扌 — 手)을 저으며
아니라고(非) 물리치니

排尿(배뇨)　排卵(배란)
排泄(배설)　排出(배출)
排水口(배수구)

排
밀칠 배

匪
비적 비

誹
헐뜯을 비

徘
노닐 배

아닌(非) 말(言)로 사실과
다르게 비방하니

誹謗(비방)

가는 길(彳)이 아닌(非) 곳
에서 어정거리는 모양

徘徊(배회)

青
푸를 청 8획

우물의 모양(㫤)을 본떠서

㫤　㫤　苐

青

푸를 청 8획　💡 청송은 늘 푸르니 푸를 청

青年청년 : 젊은 사람
青春청춘 : 젊은 나이

靜

고요할 정 16획　💡 다툰(爭) 후에 푸른(靑) 산처럼 고요하니 고요할 정

靜肅정숙 : 조용하고 엄숙함
安**靜**안정 : 몸과 마음이 편안하고 고요함

非
아닐 비 8획

펴진 날개의 모양(羽)을 본떠서

羽　羽

非

아닐 비 8획　💡 평범하지 않고 비범하니 아닐 비

非難비난 : 남의 잘못이나 흠을 책잡아서 나쁘게 말함
非行비행 : 옳지 못한 짓

1획
2획
3획
4획
5획
6획
7획
8획
9획
10획
11획
12획
13획
14획
15획
16획

토사구팽
兎死狗烹

[뜻] 토끼가 죽으면 사냥개는 삶아 먹힌다는 뜻으로 쓸모가 없어지면 헌신짝처럼 버려짐을 나타내는 말이다.

[어휘] 兎 : 토끼 토 / 死 : 죽을 사 / 狗 : 개 구 / 烹 : 삶을 팽

[어순] 주어(兎) + 술어(死) + 주어(狗) + 술어(烹)

[유래] 한고조(漢高祖)는 자신을 도와 한나라를 세운 건국공신인 한신(韓信)을 은밀히 제거하려고 하였다. 그 이유는 한신 곁에 항우의 맹장이었던 종리매(鍾離昧)가 의탁하고 있었기 때문이었다. 한고조는 종리매를 잡아들이라고 명령하였지만 한신은 종리매를 숨겨 주었다.

그 일이 있은 후 고조는 한신을 불러들여 주살하려고 하였다. 한신도 이런 사실을 알고 신변의 위험을 느꼈지만 자신한테 죄가 없으므로 한고조를 배알하려고 하였다. 그러자 한 가신이 한신에게 종리매의 목을 가지고 가면 한고조가 기뻐할 것이며 무사할 것이라고 말했다. 한신이 그 말을 종리매에게 말하자 종리매는 한신을 꾸짖으며 말했다.

"당신이 만일 나를 죽여 고조에게 잘 보이려고 한다면 당신도 곧 당하고 말 것이오. 내가 당신을 잘못 보았구료. 당신이란 위인은 남 위에 군림할 그릇이 아니구먼."

종리매는 말을 마치자 스스로 목을 베어 죽었다. 한신은 그 목을 가지고 고조를 배알했으나 결국 반역자란 죄목으로 체포되었다. 한신은 자신의 경솔한 행동을 한탄하며 울부짖었다.

"토끼를 사냥한 후에는 사냥개는 삶아 먹히고, 나는 새를 활로 쏘아 잡으면 활을 다시 장에 쳐 박히고, 적국을 멸망시키면 계책을 낸 신하는 죽임을 당한다더니 정말로 그렇구나. 결국 충성을 다 바친 한고조에게 죽임을 당하는가보구나."

한고조는 한신의 지난 공로를 감안하여 죽음을 면하게 해주고 그 직위를 초왕에서 회음후(淮陰侯)로 좌천시켰다.

낯 면 9획

얼굴의 모양(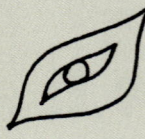)을 본떠서

낯 면 9획 💡 얼굴의 모양 낯면

面目면목 : 체면
假面가면 : 탈

가죽 혁 9획

털을 뽑은 동물의 모양()을 본떠서

革

고칠 혁 9획 💡 개혁하여 옛것을 고치니 고칠 혁

改革개혁 : 제도 등을 새롭게 뜯어고침
革帶혁대 : 가죽띠. 허리띠

韋 다룸가죽 위 9획

발과 네모꼴의 성곽 모양()을 본떠서

韓 ▶ 나라 이름 한 17획 💡 대한민국 나라 이름 한
韓服한복 : 우리나라의 전통적 의복
韓半島한반도 : 우리나라 국토 전역을 포괄하는 반도

音 소리 음 9획

입에서 소리가 나오는 것을 추상화()해서

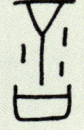   

音 ▶ 소리 음 9획 💡 목구멍에서 나오는 소리 음
音律음률 : 음악의 가락
音聲음성 : 목소리

響 ▶ 울림 향 22획 💡 고향(鄕) 노래 소리(音)가 울려 퍼지니 울림 향
音響음향 : 소리와 그 울림
影響영향 : 어떤 사물(성질, 효과 등)이 다른 사물에 작용을 미치는 일

頁

머리 혈 9획

머리의 모양()을 본떠서

순할 순 12획

💡 머리(頁) 속 생각이 물(川) 흐르듯 술술 풀리니 순할 순

順序순서 : 차례
順理순리 : 도리에 순종함

기릴 송 13획

💡 공적을 기려 칭송하니 기릴 송

頌德송덕 : 공적을 기림
稱頌칭송 : 칭찬하여 일컬음

거느릴 령 14획

💡 우두머리(頁)가 명령(令)을 내리니 거느릴 령

領導영도 : 거느려 이끎
領域영역 : 활동 등이 미치는 일정한 범위

머리 두 16획

💡 콩(豆)처럼 둥근 머리(頁) 머리 두

頭痛두통 : 머리가 아픔
街頭가두 : 도시의 길거리

이마 액 18획

💡 얼굴(頁, 머리)에서 넓은 이마 액

額數액수 : 가격을 나타내는 수치
巨額거액 : 거금. 아주 많은 돈

제목 제 18획

💡 글머리(頁)에서 제일 앞에 있는 부분 제목 제

題目제목 : 책 등의 표제
問題문제 : 해답을 요구하는 물음

 무리 유(류) 19획   🔆 비슷한 머리(頁)모양의 무리 류

類例유례 : 비슷한 사례

類推유추 : 미루어 짐작하고 추측함

 원할 원 19획   🔆 원하는 소원을 머리 숙여 비니 원할 원

所願소원 : 바라고 원함

願書원서 : 지원하거나 내용을 적은 서류

顯 나타날 현 23획

🔆 뜨거운 햇볕에 머리에 김이 나니 나타날 현

顯忠日현충일 : 순국선열을 기념하는 날

顯微鏡현미경 : 아주 작은 물체를 확대해서 볼 수 있는 기구

바람 풍 9획

봉황의 모양(🐦)을 본떠서

 바람 풍 9획   🔆 강풍에 벌레가 모두 날아가 버리니 바람 풍

風景풍경 : 경치

風流풍류 : 멋스럽고 풍치가 있는 일

새가 나는 모양()을 본떠서

飛 날 비 9획

날 비 9획   💡 **날개를 펴고 올라가니 날 비**

飛報비보 : 급한 통지
飛行비행 : 공중을 날아다님

뒤집을 번 21획   💡 **나는(飛) 새의 날개가 여러 번(番) 펄럭이며 뒤집으니 뒤집을 번**

飜譯번역 : 다른 언어의 글로 옮김
飜覆번복 : 진술 등을 고쳐 뒤집음   ☞ 飜은 翻라고도 씀.

뚜껑 덮인 밥그릇 안의 밥()의 모양을 본떠서

食 밥 식 9획

밥 식 9획   💡 **밥 그릇 안에 밥이 있으니 밥 식**

食口식구 : 한집에 살며 끼니를 함께 먹는 사람
食性식성 : 먹성. 음식에 대한 기호

마실 음 13획 💡 배고픔에 밥을 마시듯하니 마실 음

飮料음료 : 마시는 액체. 음료수
飮食음식 : 먹고 마시는 음식물

기를 양 15획 💡 밥(食)을 많이 먹여 양(羊)을 기르니 기를 양

養女양녀 : 수양딸
養成양성 : 가르쳐서 길러냄

남을 여 16획 💡 밥이 남으니 남을 여

餘暇여가 : 겨를. 틈
餘力여력 : 남은 힘

머리 수 9획

머리의 모양()을 본떠서

  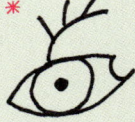 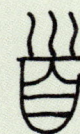

머리 수 9획 💡 머리털 아래 눈이 있는 모양 머리 수

首都수도 : 서울
首席수석 : 맨 윗자리

265

1획
2획
3획
4획
5획
6획
7획
8획
9획
10획
11획
12획
13획
14획
15획
16획

향기로운 기장의 낱알 모양(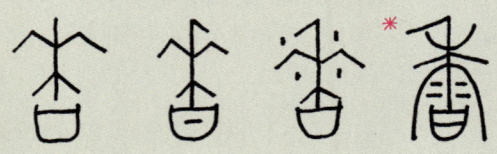)을 본떠서

향기 향 9획

☀️ 볕을 잘 받고 익어가는 벼의 향기 향기 향

香氣향기 : 향기로운 냄새
香水향수 : 진한 향내가 나는 액체 화장품의 하나

형설지공
螢雪之功

[뜻] 반딧불과 눈빛으로 이룬 공이란 뜻으로 고생 속에서도 꾸준히 공부하여 얻은 보람을 이르는 말이다.

[어휘] 螢 : 반딧불 형 / 雪 : 눈 설 / 之 : 어조사 지 / 功 : 공로 공

[어순] 수식어(螢雪) + 어조사(之) + 피수식어(功)

[유래] 동진(東晋) 때, 차윤(車胤)이라는 사람이 있었다. 그는 어려서부터 근면 성실하고 학문을 좋아하여 많은 책을 읽었다. 그러나 집안이 너무 가난하여서 밤에 책을 읽으려고 하면 등불을 켤 기름조차도 없어서 책을 읽을 수 없었다.

여름밤이 되면 밤하늘의 수많은 별처럼 반짝반짝 빛을 내며 짝을 찾아 여기저기 날아다니는 반딧불을 본 차윤은 기발한 아이디어를 생각해냈다. 자나 깨나 밤에 책을 볼 수 있는 방법이 무엇일까 고민하던 차윤에게는 반딧불의 신비스럽고 그윽한 빛이 구세주와 같았을 것이다.

차윤은 명주주머니를 벌레 통처럼 만들어서 그 안에다 밤에 빛을 내뿜는 반딧불 수십 마리를 넣었다. 어두컴컴한 밤이 되면 책을 읽을 때 반딧불이 들어있는 명주주머니를 책에 가까이 대고 거기서 나오는 빛으로 책을 비추어 읽었다. 그는 주야로 학문에 정진한 결과 마침내 이부상서의 벼슬에 까지 올라 천자의 곁에서 조서를 꾸미는 대임(大任)을 맡아보았다.

또한 같은 시절에 손강(孫康)이라는 사람이 있었다. 그는 어려서부터 마음씨가 깨끗하여 세간의 잡배들과는 어울리지 않고 좋은 친구를 가려서 사귀었다. 그는 집안이 가난하여 밤에 등불을 켤 기름을 살 돈이 없어서 책을 읽지 못할 정도였다. 겨울철이되어 백설 같은 하얀 눈이 창가에 소복소복 쌓이면, 한겨울의 추위를 견디며 눈에 반사되는 달빛으로 책을 비추면서 읽었다.

훗날 각고의 노력의 결실로 손강은 어사대부(御史大夫)의 벼슬까지 올랐다.

馬
말 마 10획

말의 모양()을 본떠서

馬

말 마 10획　💡 휘날리는 말 갈퀴와 네 다리 말 마
馬賊마적 : 말을 탄 비적
馬耳東風마이동풍 : 남의 말을 지나쳐 흘려버림

驗

증험할 험 23획　💡 말을 타는 경험 증험할 험
實驗실험 : 실제로 시험하다
經驗경험 : 자신이 실제로 해 보거나 겪어 봄

驚

놀랄 경 23획　💡 말을 탔더니 놀라워라 놀랄 경
驚異경이 : 놀랍고 신기하게 여기다
驚歎경탄 : 몹시 놀라며 감탄하다

骨

뼈 골 10획

뼈다귀의 모양()을 본떠서

骨
▶

뼈 골 10획 　💡 뼈다귀의 모양 뼈 골

骨格골격 : 뼈대
骨肉골육 : 부자, 형제 사이

體
▶

몸 체 23획 　💡 골격(骨)이 우람하고 풍만하니(豊) 몸 체

體力체력 : 몸의 힘
體重체중 : 몸의 무게 　🐻 體는 약자로 体로 쓰기도 함.

高

높을 고 10획

누각의 모양()을 본떠서

▶

높을 고 10획 　💡 높은 망루 누각의 모양 높을 고

高級고급 : 품질이 뛰어나고 값이 비쌈
高手고수 : 기술이나 능력이 매우 뛰어난 사람

1획
2획
3획
4획
5획
6획
7획
8획
9획
10획
11획
12획
13획
14획
15획
16획

긴 머리(長)가 휘날리는(彡) 모양(髟)을 본떠서

머리털늘어질 **표** 10획

髮

▶

머리털 **발** 15획

💡 진 머리털이 휘날리니 머리털 발

理**髮**이발 : 머리털을 깎음
金**髮**금발 : 금빛 나는 머리털

싸우는 모양(鬥)을 본떠서

싸울 **투** 10획

鬪

▶

싸움 **투** 20획

💡 콩(豆)을 차지하려고 서로 다투니(鬥) 싸움 투

決**鬪**결투 : 목숨을 내걸고 벌이는 싸움
鬪爭투쟁 : 싸우고 다툼

머리가 큰 귀신의 얼굴 모양(鬼)을 본떠서

귀신 귀 10획

💡 머리가 큰 귀신같은 얼굴모양 귀신 귀

鬼神귀신 : 죽은 사람의 혼령
鬼才귀재 : 세상의 드문 재주

넋 혼 14획

💡 넋이 구름(云→雲)처럼 귀신이 되니 넋 혼

魂靈혼령 : 혼. 넋
鬪魂투혼 : 끝까지 투쟁하려는 기백

魂
넋 혼

죽은 사람의 넋이 뜬구름
(云→雲)처럼 떠돌아다니
는 귀신(鬼)이 되니

靈魂(영혼)　魂魄(혼백)
魂飛魄散(혼비백산)

鬼
귀신 귀

魔
마귀 마

魄
넋 백

사람(儿)이 죽으면 커다랗고 흉
측한 얼굴(白)을 한 귀신이 되니

鬼神(귀신)　鬼才(귀재)
魔鬼(마귀)　吸血鬼(흡혈귀)

죽어서 백골(白骨)이 귀
신(鬼)이 되니

魂魄(혼백)　氣魄(기백)

마귀가 사람을 마비(麻)
시켜 헛것(귀신 鬼)을 보
게 하니

惡魔(악마)　魔術(마술)
魔法(마법)　魔力(마력)

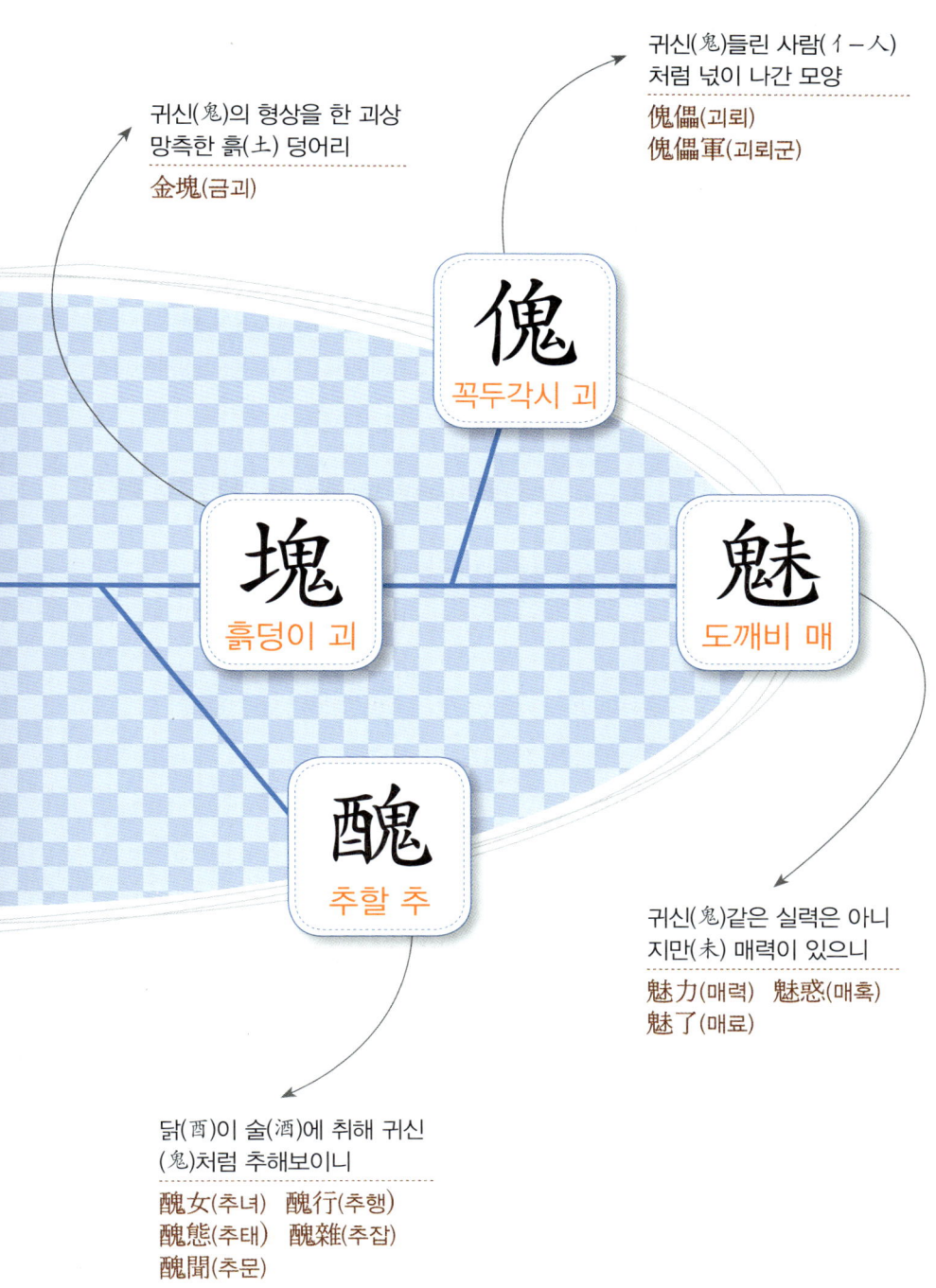

귀신(鬼)의 형상을 한 괴상
망측한 흙(土) 덩어리

金塊(금괴)

귀신(鬼)들린 사람(亻-人)
처럼 넋이 나간 모양

傀儡(괴뢰)
傀儡軍(괴뢰군)

傀
꼭두각시 괴

塊
흙덩이 괴

魅
도깨비 매

醜
추할 추

귀신(鬼)같은 실력은 아니
지만(未) 매력이 있으니

魅力(매력)   魅惑(매혹)
魅了(매료)

닭(酉)이 술(酒)에 취해 귀신
(鬼)처럼 추해보이니

醜女(추녀)   醜行(추행)
醜態(추태)   醜雜(추잡)
醜聞(추문)

魚
고기 어 11획

물고기의 모양()을 본떠서

魚 ▶
고기 어 11획　💡 어망으로 물고기를 잡으니 고기 어
人魚인어 : 머리, 몸은 사람이고, 다리는 물고기 같다는 상상의 바다 동물
魚肉어육 : 생선의 고기

鮮 ▶
고울 선 17획　💡 양(羊)고기와 생선(魚)이 싱싱하고 고우니 고울 선
生鮮생선 : 물고기
鮮明선명 : 아주 뚜렷하다

鳥
새 조 11획

새의 모양(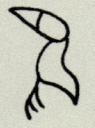)을 본떠서

鳥 ▶
새 조 11획　💡 새의 모양 새 조
一石二鳥일석이조 : 동시에 두 가지 이득을 봄
白鳥백조 : 고니

울 명 14획　☀️ 새가 우니 울 명

悲鳴비명 : 놀라거나 무서울 때 지르는 외마디 소리
耳鳴이명 : 귀울림

닭 계 21획　☀️ 닭이 계란을 낳으니 닭 계

鷄卵계란 : 닭이 낳은 알
養鷄場양계장 : 닭을 먹여 기르는 곳

보리 맥 11획

보리 이삭의 모양(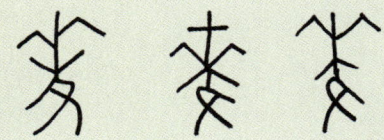)을 본떠서

보리 맥 11획　☀️ 이삭의 모양 보리 맥

麥酒맥주 : 따를 때 거품이 나며 보리차 색깔이 나는 술
麥芽糖맥아당 : 엿당

鹿
사슴 록 11획

사슴의 모양(鷺)을 본떠서

鹿
▶
사슴 록 11획　💡사슴 모양 사슴 록

白鹿潭백록담 : 제주도 한라산의 정상에 있는 화구호
指鹿爲馬지록위마 : 윗사람을 농락하여 권세를 제 마음대로 휘두르는 짓

麗
▶
빛날 려 19획　💡사슴뿔이 화려하고 빛나니 빛날 려

秀麗수려 : 빼어나게 아름답다
閑麗水道한려수도 : 한산도에서 여수까지의 물길인 한려해상국립공원

호가호위
狐假虎威

[뜻] 여우가 호랑이의 위세를 빌린다는 뜻으로 남의 권세를 업고 위세를 부리는 것을 가리키는 말이다.

[어휘] 狐 : 여우 호 / 假 : 거짓, 빌리다 가 / 虎 : 범 호 / 威 : 위엄 위

[어순] 주어(狐) + 술어(假) + 목적어(虎威)

[유래] 전국시대 때, 초(楚)나라 선왕(宣王)이 어느 날 신하들에게 물었다.

"듣자하니 북방에 있는 나라들이 우리나라 재상인 소해휼(昭奚恤)을 그렇게도 무서워한다고 하는데 그 말이 사실이오?"

위(魏)나라 사람으로 신하가 된 강을(江乙)이라는 자가 대답했다.

"그렇지 않습니다. 북방의 여러 나라들이 어찌 재상에 지나지 않는 자를 겁내겠습니까? 이런 이야기가 있습니다. 호랑이는 모든 짐승을 잡아먹습니다. 어느 날 호랑이가 여우 한 마리를 잡았습니다. 여우는 호랑이에게 이렇게 말했습니다. '하느님께서 나 여우님을 백수의 왕으로 임명하였다. 그래서 너는 나를 잡아먹으면 하늘의 명을 거역하는 것이 되느니라. 네 정녕 내 말을 못 믿겠거든 내 뒤를 따라오너라. 모든 짐승들이 나를 보고 무서워서 달아나지 않는 짐승은 없을 테니까 말이다.' 호랑이는 과연 여우의 말이 맞는지 안 맞는지 알고 싶어서 여우의 뒤를 어슬렁어슬렁 따라가 보았습니다. 과연 모든 짐승들이 여우를 보고는 놀라 달아났습니다. 호랑이는 여우가 무서워서 짐승들이 달아난 줄로만 알았습니다. 그러나 사실은 여우 뒤에 있는 호랑이를 보고 도망친 것입니다. 이 경우도 마찬가지입니다. 북방의 여러 나라들이 두려워하는 것은 바로 초나라의 강한 군대입니다."

강을은 항상 왕 앞에서 소해휼을 나쁘게 평가했었다. 그것은 자신이 적국과 내통했다는 사실을 소해휼이 알고 있었기 때문에 그를 호시탐탐 제거하려고 한 것이었다.

구슬의 모양(黃)을 본떠서

 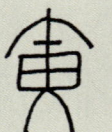 

黃 누를 황 12획

黃 ▶

누를 황 12획

💡 황색은 누러니 누를 황

黃泉황천 : 저승
黃道황도 : 태양의 운행 궤도

연기에 그을려 새까만 모양(黑)을 본떠서

黑 검을 흑 12획

黑 ▶

검을 흑 12획

💡 연기에 그을려 까만 모양이니 검을 흑

黑白흑백 : 검은색과 흰색. 옳고 그름
黑字흑자 : 이익

點 ▶

점 점 17획

💡 까만색의 점을 찍으니 점 점

點檢점검 : 일일이 검사함
點火점화 : 불을 붙임

 무리 당 20획 💡 악당이 검게 무리를 지으니 무리 당

惡黨악당 : 악한 사람의 무리

政黨정당 : 집권하여 정치적 이상을 이루려고 조직한 단체

 북의 모양()을 본떠서

북 고 13획

 북 고 13획 💡 북채를 잡고 북을 치니 북 고

鼓舞고무 : 격려하여 용기를 북돋움

鼓吹고취 : 격려함

코의 모양(🐽)을 본떠서

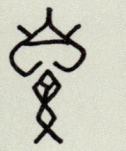 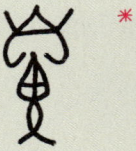 *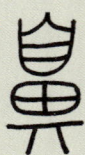

코 비 14획

코 비 14획　　💡 **코의 모양 코 비**

鼻音비음 : 콧소리. 코가 막힌 듯이 내는 소리
鼻祖비조 : 시조. 원조

이삭이 가지런히 패여있는 모양(🌾)을 본떠서

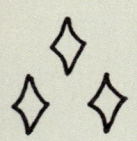 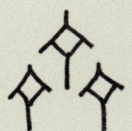 *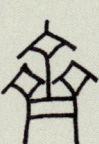

가지런할 제 14획

가지런할 제 14획　💡 **이삭이 가지런히 패여 있는 모양 가지런할 제**

修身齊家수신제가 : 몸과 마음을 닦아 수양하고 집안을 다스림

280

치아의 모양(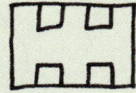)을 본떠서

 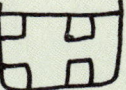

 ▶

이 **치** 15획   💡 치아의 모양 이 치

齒列치열 : 이가 줄지어 박혀 있는 생김새
齒痛치통 : 이가 쑤시거나 몹시 아픈 증상

용의 모양(🐉)을 본떠서

 ▶

용 **룡** 16획   💡 용의 모양 용 룡

龍宮용궁 : 바다 속에 있다고 하는 용왕의 궁전
龍座용좌 : 임금의 자리

거북 귀 16획

거북이의 모양()을 본떠서

거북 귀, 터질 균 16획

龜鑑귀감 : 본보기
龜裂균열 : 갈라져 터짐

거북의 머리와 네다리, 등뼈, 꼬리의 모양 거북 귀

282

화룡점정
畫龍點睛

[뜻] 용을 그린 후 마지막으로 눈동자를 그려 넣는다는 뜻으로 가장 중요한 부분을 완성시킨다는 것을 가리키는 말이다.

[어휘] 畵 : 그림 화 / 龍 : 용 룡 / 點 : 점, 점 찍다 점 / 睛 : 눈동자 정

[어순] 술어(畵) + 목적어(龍) + 술어(點) + 목적어(睛)

[유래] 남북조(南北朝)시대 때, 장승요(張僧繇)라는 유명한 화가가 있었다. 그는 그림을 실제와 똑같이 그릴 정도로 솜씨가 뛰어났고, 특히 불화(佛畵)를 잘 그렸다. 한번은 안락사(安樂寺)라는 절에서 벽에 용을 그린다는 소문이 자자하였다. 사람들은 그의 그림을 구경하려고 안락사에 구름같이 모여들었다. 장승요는 벽에다 용을 그렸다. 검은 구름 속을 꿈틀대며 금방이라도 승천할 태세로 용트림을 하고 있는 네 마리 용이었다. 선명하고 번쩍거리는 용의 비늘과 서슬이 시퍼렇고 날카로운 발톱이 살아있는 듯하니 어느 누구라도 감탄을 금치 못 하였다. 그런데 이상하게도 용의 눈에 눈동자가 그려져 있지 않아서 구경꾼들이 그 이유를 묻자 그가 대답하며 말했다.

"용의 눈동자를 그려 넣을 수 없소. 만일 그린다면 용들은 승천해버린다오."

구경꾼들은 이 말을 듣고 어처구니가 없다는 듯이 믿을 수 없다는 표정을 지으며 말했다.

"그림 속의 용이 어찌 살아서 날아간단 말이오. 한번 눈동자를 그려 넣어 보시오."

구경꾼들이 이구동성으로 재촉하는 성화에 견딜 수가 없자, 그는 하는 수 없이 즉시 두 마리의 용에 눈동자를 그려 넣었다. 그 순간 벽에서 섬광이 번쩍하며 번개가 치고 우레 소리가 울리며 천지를 진동시켰다. 두 마리의 용이 두 눈에서 빛을 내뿜으며 꿈틀대더니 비늘을 번뜩이면서 벽을 박차고 공중으로 날아올라갔던 것이었다. 그야말로 순식간에 벌어진 이적(異蹟)에 구경꾼들은 아연실색하며 벽을 보니 눈동자가 없는 나머지 용들만 남아있었다.

한자의 생성과 변천 과정

한자는 신비스러운 발명품?

지금 우리가 쓰고 있는 한자는 어떤 과정을 거쳐서 오늘날과 같은 정형화된 글자—해서체(楷書體) 한자(漢字)가 되었을까요?

추측컨대 한자는 사물의 형상을 본떠서 만든 상형문자에서 발전된 글자이므로 회화(그림)문자에서부터 시작되었다고 판단될 것입니다. 맞습니다. 고고학적으로 고증해보면 이미 여러 유적지에서 한자의 원류가 될 수 있는 그림문자가 많이 발견되었습니다.

그러면 이들 그림문자들이 어떻게 한자로 변천되어갔는지 궁금하실 겁니다. 자, 이제 한자의 유래를 알아보도록 과거로 여행해볼까요? 우선 한자의 기원이 될 만한 이야기부터 풀어가겠습니다.

전설에 의하면 태고 때 신기한 인물로 알려진 복희씨(伏羲氏)가 신비로운 팔괘(八卦)를 만들어서 그때부터 문자가 생겨났다고 전해집니다. 팔괘는 잘 알다시피 태극기의 ☰, ☲, ☶ 등을 가리키는 부호입니다. 그 후 팔괘 다음으로는 끈을 매듭을 쳐서 기호로 썼다고 합니다. 이는 새끼를 꼰다의 의미로 결승(結繩)이라고 부릅니다. 대략 매듭의 수량으로 의미를 전달했을 것이라고 문자학계에서는 추측합니다. 아마 수렵 등이 주된 생활의 수단이었던 고대인들에게는 사냥에서 사슴이나 멧돼지를 몇 마리나 잡았는가를 기록할 때, 이 결승의 매듭의 수량표시로 기록을 하지 않았을까요? 그런데 과연 이런 방법으로 문자를 얼마나 만들어낼 수 있었을까요? 아마 긴 시간의 과정이 필요했었겠지요?

그 후 세월이 흘러서 한자 창제의 시조라고 불리는 창힐(倉頡)의 문자 창제가 그 다음의 바통을 이어받게 됩니다. 문자는 일반적으로 한 개인의 창작품이라기보다는 수 세대를 걸쳐서 수많은 사람들에 의해 만들어졌으며 계속해서 변화와 발전을 거듭하면서 진행되는 것이기 때문에 한자의 모태(母胎)를 창힐이라는 한 개인이 만들었다는 설은 다소 무리가 따른다고 봅니다. 아무튼 복희씨도 그렇고 창힐도 신비스럽고 비범한 인물이었던 것만을 인정할 필요가 있을 것 같습니다. 고대 자료에 의하면

4,500여 년 전에 중국의 전설상의 제왕인 황제(黃帝-'皇帝[황제]'가 아님. 복희씨(伏羲氏), 신농씨(神農氏)와 더불어 삼황(三皇)의 하나로 일컬어짐) 시대 때에 문서의 기록을 맡아보던 관리인 사관(史官) 창힐이 글자를 만들었다고 합니다. 과연 어떻게 만들었을까요? 비범한 인물이라 혹시 신(神)의 계시라고 받은 것이었을까요?

글자 창제의 모티브는 대자연의 현상을 본받았다고 전합니다. 예를 들면, 위로는 밤하늘의 수많은 별들의 갖가지 진기하고 오묘한 모양에서부터 아래로는 새나 짐승의 발자국에서 영감을 얻어 문자를 만들었다고 합니다. 그런데 그 후 신기한 일이 벌어지고 맙니다. 천기누설의 여파가 바로 현실로 나타난 것입니다. 문자가 생기자 천지만물의 온갖 신령들이 너무나 놀라워서 하늘에서는 쌀이 비오듯 내리고 귀신들은 밤에 대성통곡을 했다고 하니, 고대인들의 깊고 깊은 통찰력과 혜안을 가진 신령스런 능력을 그 얼마나 경외하고 두려워했겠습니까? 하기사 창힐이라는 인물은 남달리 비범했던 것이 태어나자마자 글씨를 썼으며 눈은 네 개였다고 합니다. 그래서 그런지 자연계의 온갖 만물을 다각도로 꿰뚫어본 것이 아닐까요? 아마 천안(天眼)의 신통력을 지니고 있었던 것 같습니다. 참, 창힐이 만들었다는 글자가 어떻게 생겼는지 궁금하실 겁니다. 그러나 아쉽게도 전해 내려오는 것이 없어 유감이네요. 언젠간 고고학자들이 찾아내주기를 기대해 봅니다.

자, 이상의 한자 생성 유래는 아직 밝혀지지 않은 전설속의 이야기이지만 언젠가 사실로 들어날지 알 수 없는 것도 이 세상사의 일일 것입니다. 왜냐 하면 바로 잠시 후에 이야기할 문자가 그동안 비밀에 쌓여 있다가 무려 3,500년 만에 극적으로 발견, 발굴되는 바람에 문자학계나 역사학계를 발칵 뒤집어놓은 대사건으로 등장하였고, 이제 문자의 역사를 다시 써야하는 경천동지할 일대 사건을 일으켰거든요. 따라서 신화나 전설이라고 무턱대고 옛것을 낡은 것으로 치부하고 평가절하 하는 것은 섣부른 속단이 아닐까 생각됩니다.

자, 이제부터는 전설이 아닌 사실과 고증학적인 관점에 입각한 현존하고 있는 옛 글자들을 하나하나 알아보겠습니다.

중국 고대 문자의 대 발견 – 3천년의 깊은 잠에서 마침내 깨어나다

　지금으로부터 110여 년 전 한자 관련 문자학계에 경천동지할 만한 대 사건이 일어났습니다. 바로 3천여 년 간 고요한 침묵 속에서 이 세상의 빛을 보려고 기다려온 새로운 고대의 문자가 중국에서 대량 발굴되었지요. 확인 결과 갑골문자였습니다. 나무나 돌도 아닌 거북의 등딱지와 짐승 뼈에 새겨서 갑골(甲骨)문자라고 불렀습니다. 이 발견으로 이제 고대 중국의 상형문자인 갑골문 또한 5,000여 년 전 수메르인이 점토 위에 새겨 쓴 쐐기문자인 설형(楔形)문자와 고대 이집트의 상형문자 더불어 당당히 세계 고대 문명을 대표하는 고대 문자의 하나로서 동등한 반열에 서게 되는 계기가 되었던 것입니다. 그야말로 아시아의 자랑스러운 쾌거였습니다.

3천 년간의 권위와 아성이 한순간에 무너지다

　이 사건은 3천여 년 동안 한자 어원 해설의 정설로만 굳게 자리매김을 해왔으며, 한자 어원 풀이의 정석이라 불려왔던 한(漢)나라 때의 허신(許愼)의 저서인 설문해자(說文解字)를 재해석하고 재검증을 할 필요가 있음을 의미하는 중대한 일이었습니다. 3천여 년 동안 지존의 자리를 수성해온 대학자의 아성이 한순간에 실추되는 순간이었던 것입니다. 갑골문을 생전에 한 번도 본 적조차 없었던 허신에게는 너무 상상조차 하기 힘든 치명적인 결정타였을 것입니다. 일대 대혁명 앞에 감히 누구도 반론의 여지가 없었던 '설문해자'의 권위와 정확성을 바탕으로 한 신뢰도가 다시 확인돼야 하는 냉혹한 현실이 되었던 것이죠. 실로 허신으로 볼 때는 저승에서 통탄한 일이 아닐 수 없었을 것입니다. 차후 중국의 문자학 연구가들 중 설문해자를 평가 절하하는 일부 비평가들의 말에 오르내리는 일개 한자 어원 풀이 저술가로 평가될 수도 있으니 말입니다. 이 세상에는 영원한 비밀은 묻어둘 수가 없다고 했던가요? 한자의 의미를 정확히 배워야하는 우리에게는 실로 다행스러운 일이였지만 말입니다. 이를 두고 '사필귀정'이라고 할 수 있을지는 섣부른 판단일지 몰라 독자 여러분들의 판단에 맡기겠습니다. 그러나 허신의 설문해자는 문자학의 태산북두와 같은 위치를 당연히 고수할 것으로 믿는 바입니다. 당시 문자학의 대혁명이라 할 수 있는 부수자(部首字)의 대발견이 바로 허신으로

부터 비롯된 것이거든요. 이 점 또한 부인할 수 없는 사실이니까요.

갑골문자를 발견 후 드러난 흥미로운 사실

지금까지 중국 각 지역에서 발굴된 갑골은 무려 십 몇 만 조각에 이릅니다. 갑골문 자로 판명된 글자는 4,500여 자나 되고요. 그중 고증을 거쳐서 판독된 글자는 무려 1,700여 자가 됩니다. 금석학자들은 이 신비스러운 갑골문자에서 역대 한자의 글꼴과 다른 점을 몇 가지 발견했어요. 주로 사물의 형상을 본떠서 만든 상형자가 대부분이지 만, 한자의 생성원리인 육서(六書)에 바탕을 둔 지시자(指事字)나 회의자(會意字)도 절 대 다수를 차지할 만큼 갑골문은 자체 문자로서의 기본 골격을 갖추고 있었습니다. 따라서 글자의 형태만 보고도 한 눈에 어떤 뜻인지 짐작이 가능한 글자가 많았습니다. 특히 단점이자 장점으로 볼 수 있는 글자체의 다양성을 들 수 있는데요, 당시 글자의 정형화가 아직 안 돼 있어서 한 글자 당 보통 5~10가지 이상의 글자체(이체자 異體字)의 형태로 구성되어 있는 점을 들 수 있습니다.

고대인들의 문자 표현의 자유

갑골문은 글꼴이 참으로 다양합니다. 상대방에게 알리고자하는 사물의 생김새를 의미만 전달하는 것이 의사 표현의 목적일 경우, 특히 갑골문자는 회화성이 두드러진 글자인 만큼 문자의 표현 방법은 사물의 형태만 그림으로 그려서 전달하면 되기 때문에, 당시 고대인들은 상상력을 발휘해 정형에 구애 없이 여러 모양으로 썼을 것이라고 추정됩니다. 게다가 글자의 모양을 다각적으로 표현하는 방법도 고안해냈죠. 즉, 방향과 위치를 다양하게 변화를 주었는데요, 동일한 글자를 좌우 대칭으로 바꿔가며 자유롭게 썼고, 또한 가로를 세로로 쓰는가하면 정면을 측면 방향으로 변화를 주기도 하며 어떤 글자는 180도로 거꾸로 돌려서 표현하기도 하였습니다. 정말 기막힌 발상이 아닌가요? 또한 필획에 제한을 두지 않았으며, 편방 부수의 위치가 고정되어 있지 않을 뿐만아니라 글자의 크기 또한 들쑥날쑥한 점 등 글꼴이 아주 자유로웠습니다.

아래의 10자는 갑골문의 거북 龜(귀)자가 좌우 측면 또는 정면으로 자유롭게 표현되어있는 글자체임을 여실히 증명해줍니다. 참 다양하죠? 고대인들의 단순하면서 예리한 관찰력을 느껴보시기 바랍니다.

龜(귀) ➡ 🐢🐢🐢🐢🐢🐢🐢🐢🐢🐢

청동기에 새겨진 기념비적인 장식용 문자 – 금문(金文)

　갑골문의 뒤를 이어 등장한 글자는 금속제(金屬製)인 청동기에 새겨진 글자라 하여 금문(金文)이라고 부릅니다. 또는 돌로 된 비석 등에 새겨져 있는 것도 있어서 금석(金石)문자라고도 부르죠. 지금으로부터 대략 3,000여 년 전의 중국의 상(商)나라 후기와 주(周)나라 때의 문자가 됩니다. 금문은 대략 4,000자 정도 되는데, 그 중 고증, 해석된 글자가 무려 2,500여 자 가량 된다고 합니다. 이 금문 문자는 주로 종(鐘), 솥, 창(槍) 등의 청동기물에 새겨져있는데, 그동안 발굴된 상(商)나라(은[殷]나라라고도 함)와 주(周)나라의 청동기물은 5~6,000가지나 된다고 합니다. 가히 어마어마한 수량이죠? 이 풍부한 자료들은 고대의 역사와 사회, 문화, 문자를 이해하는데 결정적인 도움을 주는 귀중한 사료(史料)적 가치를 지닌 자료들로 평가받고 있습니다. 자, 그러면 금문은 갑골문과 비교해볼 때 글꼴에서 어떤 차이가 있는지 살펴볼까요?

　금문은 갑골문을 기본으로 하여 발전된 글자이므로 초기의 금문은 갑골문과 유사한 점이 많았지만 나중에는 나름대로의 특징을 갖추게 되었습니다. 대체로 글자 모양이 상형(象形) 고유의 특징은 차차 줄어들고 그림 형태에서 부호화되는 과도기의 문자 형태를 갖고 있습니다. 갑골문자는 날카로운 조각칼로 딱딱한 동물의 뼈에다가 글자를 새겨야 하므로 아무래도 원형에 비해서 작업이 용이한 직선으로 주로 표현하지만, 금문은 진흙에다가 직접 조각칼로 자유롭게 글자를 새기는 것이므로 갑골문에 비해서 원형의 선을 만들기가 훨씬 수월했을 겁니다. 그러나 금문은 주조(鑄造) 과정이 진흙 거푸집에 쇳물을 부어서 만드는 것이므로 진흙에 선을 너무 얇게 새기면 글씨가 잘 나타나지 않으므로 필획을 굵게 만들 필요가 있었습니다. 따라서 금문은 글씨체가 갑골문에 비해서 좀 굵은 편이며 원형의 형태로 표현되어 부드러운 느낌을 줍니다.

그리고 무엇보다도 글자의 정형화가 뚜렷하게 향상되었다는 점을 들 수 있는데요. 간혹 한 글자가 여러 모양을 갖는 경우도 있지만 갑골문에 비해서는 그 수가 대폭 줄어들었다고 볼 수 있습니다. 또한 갑골문은 글자의 크기가 일정치 않은 것에 비해서 금문은 어느 정도 일정한 크기를 유지하고 있어서 글자간의 균형이 이루어진 점 등을 미루어보아 장식용으로서 손색이 없을 정도의 예술성이 가미된 글자로 보여지기도 합니다. 금문의 기록 용도는 주로 전쟁에서 승리로 이끈 전공(戰功)이나 법전, 제사, 하사품, 계약 등의 대소사를 두고두고 보존하거나 기념으로 남길 목적으로 청동기물에다가 기록을 한 것이라고 합니다.

자, 그러면 금문의 글꼴이 갑골문과 어떤 차이점이 있는지 감상해볼까요?

아래의 상형문자들은 두 글자를 비교한 것인데요, 좌측은 갑골문이고 우측은 금문입니다. 금문이 갑골문에 비해서 좀 세련되어 보입니다.

돌에 새겨져 남겨진 문자— 주문(籒文)

금문(金文)의 뒤를 이어 등장한 글자는 서주(西周) 말기 왕조(주선왕) 때 주(籒)라고 하는 사관(史官)이 만들었다고 하여 주문(籒文)이라고 부릅니다. 흔히 소전(小篆—진시황제 때의 글자)의 전신이라고 일컬어져서 대전(大篆)이라고도 부르는 글자입니다. 이 글자는 주나라의 공식적인 문자인 관방문자(官方文字)였습니다. 이 글자가 통용되던 시기는 서주(西周)의 말기부터 춘추전국시대(주로 진[秦]나라에서 쓰였다고 함)를 가리키는 동주(東周)의 시기까지입니다. 당시 우리나라에서는 고조선 때의 시기가 됩니다.

주문의 문자 관련 자료는 갑골문이나 금문에 비해서 아주 적습니다. 석고문(石鼓文—돌에 새겨진 문자) 등에서나 볼 수 있을 정도로 희소합니다. 그러나 금석학자들의 연구에 의하면 주문은 돌에만 있었던 것이 아니라고 합니다. 주(籀)자를 보면 분명히 알 수 있듯이 주는 竹(대 죽), 手(扌)(손 수), 留(남길 류)로 되어있는데, 즉 대나무 죽간(竹)에다가 손(手)으로 붓글씨를 써서 남긴(留) 것이라는 뜻이라고 합니다. 분명히 죽간에다가도 문자로 기록했는데 뜻인데요, 혹시 진시황 때 분서갱유 사건으로 불에 타버려 사라진 것이 아닐까요? 어쩌면 갑골문처럼 어딘가에 숨겨져 있을 지도 모를 일이죠. 자, 상상은 여기까지 하고 주문의 글꼴을 알아보겠습니다.

금석학자들이 석고문을 통해서 알아낸 주문의 특징을 보면, 필획이 고르고 깔끔하며 부호화의 특징이 뚜렷하다는 점입니다. 특히 글자의 크기가 완전히 일치하며 상형자의 특징을 대표하는 갑골문이나 금문의 글꼴에서 이미 상당한 변화가 일어났음을 알수 있습니다. 아래 새 추(隹)자와 차 거(車)자, 말 마(馬)자 등을 보면 지금 우리가 쓰고 있는 해서체를 변형해서 그린 것 같은 인상을 갖게 만드는데요, 글자 모양과 윤곽이 비슷하다는 느낌이 옵니다.

진시황 때 만들어진 문자- 소전(小篆)

주문(籀文-대전[大篆]) 다음으로 생긴 글자를 소전(小篆)이라고 부릅니다. 동주(東周-춘추전국시대)시대를 통일한 진(秦)나라의 진시황의 명으로 승상인 이사(李斯)가 대전을 간략하게 변형시켜 만들었다고 전합니다. 당시 춘추전국시대의 여러 제후국의 글자가 각각 다르기 때문에 중국을 통일한 후 서체 통일 정책을 펼쳐서 소전을 표준글자로 만든 것이라고 합니다.

이 소전의 서체 모양은 장중하고 위엄 있게 보여서 옛부터 지금까지 도장의 글씨체에 종종 쓰이며, 한자 서예의 서체 중의 하나로 쓰이고 있습니다. 우리나라 조선시대에도 과거의 시험과목으로 쓰일 정도로 서체의 유려함이 돋보이는 멋진 서체이기 때문에 역대로부터 사대부들에게 사랑을 받아온 글씨체였다고 합니다. 그럼 소전의 글꼴을 알아볼까요?

　소전의 글꼴 특징은 금문이나 주문에 비해서 훨씬 세련되어 보입니다. 우선 필획이 일정한 굵기로 통일되어 있어서 마치 동일한 굵기의 필기도구로 쓴 것처럼 모든 글자가 균일하여 아주 간결하게 보입니다. 또한 일부 상형자의 특징을 그대로 유지하고 있는 글자도 있지만 대부분이 부호화되어 있는 글자이며, 특히 글자 모양이 세로 장방형으로 통일되어있고 정형화되어있는 점입니다. 즉 서체가 하나로 고정되어 있습니다. 아래는 소전의 글씨체입니다. 글자가 품위가 있어 보이지 않습니까?

角 → 　　　學 → 　　　鳥 → 　　　經 →

家 → 　　　龍 → 　　　鷄 → 　　　盟 →

心 →

일대 변혁을 가져온 실용적인 서체 – 예서(隷書)

　소전(小篆)은 중국 역대 글자 중에서 단명했던 서체였습니다. 통일 국가인 진(秦)나라 때와 한(漢)나라(前漢 시기임) 전기까지의 짧은 시기 동안 통용되었으니까요. 그 후 전한 중기에 소전은 새로운 서체로 바뀌게 됩니다. 그 이유는 소전의 서체가 비록 품위가 있고 아름답기는 하지만 쓰기에 너무 느리고 번거로워서 아주 불편하다는 점 때문이었습니다. 당시 소전에 비해서 아주 간편하게 빨리 쓸 수 있는 서체가 행정 부문의 관리들 사이에서 쓰여지고 있었다고 합니다. 이 글자는 둥글둥글하게 계속 이어지는 곡선의 소전 글씨체를 직선과 직각으로 고쳐써서 글씨 쓰는 속도를 빠르게 해주는 아주 실용적인 서체였습니다. 그 글자가 바로 예서(隷書)체였습니다. 당시로서는 일대 변혁을 가져온 글자여서 많은 민중들에게 널리 쓰이게 되었던 것 같습니다.

　이 예서의 특징을 들자면 복잡한 획을 간단한 부수로 단순화하여 간략화한 점입니다. 이 때에 비로소 부수의 개념이 처음으로 인식되어 자리 잡음으로써 한자 발전 사상 아주 중요한 의미를 가진 거대한 변화가 일어난 것이라고 평가합니다. 따라서 그동안 간간히 볼 수 있었던 상형(그림 형태)의 모습은 자취를 감추고 현재의 한자(해서[楷書]체)처럼 완전히 필획화 되고 부호화된 서체로 바뀌게 된 것입니다. 그야말로 고대문자의 틀에서 완전히 벗어나 근현대적인 문자 단계로 들어서서 새로운 글자의 지평을 연 것이었습니다. 현재 한자 부수(部首)의 전신(前身)이 이때 만들어졌다고 합니다. 필획도 해서(楷書)체의 삐침이나 파임 등이 이 때에 생겼습니다.

아래는 소전(小篆)과 예서(隷書)의 두 서체를 비교한 것인데요, 좌측은 소전이고, 우측은 예서이며, 화살 표시 왼쪽의 한자는 해서체입니다. 예서가 지금 쓰이는 한자인 해서체와 거의 비슷하다는 것을 느끼실 것입니다.

角 ➡ 角 : 角　　學 ➡ 學 : 學　　鳥 ➡ 鳥 : 鳥

經 ➡ 經 : 經　　家 ➡ 家 : 家　　龍 ➡ 龍 : 龍

鷄 ➡ 鷄 : 鷄　　盟 ➡ 盟 : 盟　　心 ➡ 心 : 心

한자의 필기체 서체 −초서(草書)

한자를 빨리 쓰는 방법 중 한자의 전체 필획을 1, 2획으로 흘려서 쓰는 서체가 있습니다. 이를 초서(草書)라고 합니다. 이 서체는 한자의 네모 틀에서 벗어나서 필획을 서로 연결시켜서 쓰는 것으로, 마치 용이 꿈틀거리며 날아오르며 춤을 추는 듯한 아주 생동감이 넘쳐흐르는 글씨체입니다. 이 초서체는 알아보기 힘들고 쓰기도 어렵다는 단점이 있어 실용성이 떨어지지만 예술적 감상 가치가 뛰어난 서체로 평가받고 있습니다. 다음 한자의 초서체를 감상해 보실까요? 서체가 자유분방하며 곡선이 아름답지 않나요?

鳥 → (초서)　　龜 → (초서)　　鬼 → (초서)　　麗 → (초서)

龍 → (초서)　　飛 → (초서)　　安 → (초서)　　多 → (초서)

帶 → (초서)　　黃 → (초서)　　黑 → (초서)

　그리고 끝으로 이 초서는 그냥 감상용으로 넘기기에는 아쉬운 부분이 있어서 한 마디 말씀을 드리겠습니다. 다름이 아니라 종종 각종 전시회나 결혼식장 등지에서 방명록에 자신의 이름 석 자를 싸인해야 하는 기회가 있을 것입니다. 그 때 한자의 필기체로 자신의 이름을 일필휘지해 써놓으면 자신이 멋이 있어 보이며 또한 남들에게도 남달리 평가받게 되지 않을까요? 그 때를 위해서 자신의 이름만이라도 초서로 알아두면 잘 활용하실 수 있으리라 생각합니다. 초서체는 일부 한자 옥편의 표제자 한자 옆에 수록되어 있는데요, 글자가 작으므로 크게 확대를 해서 써보시면 될 것입니다. 처음에는 잘 써지질 않지만 여러 번 반복해서 써보시면 언젠가 숙달되게 쓰실 수 있는 날이 꼭 올 것입니다. 꼭 도전해 보시기 바랍니다.

　이상 한자의 변천 과정을 알아봤습니다. 어떻게 도움이 되셨나 모르겠습니다. 본서에 나오는 갑골문이나 각종 서체는 서예를 배우지 못한 필자가 쓰게 된 점 여러 독자 여러분께 양해의 말씀을 드립니다. 그동안 펜글씨만 써본 터라 붓을 잡아볼 기회가 없었습니다. 차제에 이 책을 만들면서 한자 서체 관련 자료를 접하게 되니 서예를 제대로 배우고 싶은 생각이 듭니다. 차후 개정판을 낼 때에는 좀 더 정확한 필체로 인사드릴 것을 약속하면서 독자 여러분의 건승을 빌겠습니다. 건투를 빕니다.

벚꽃 잎이 휘날리는 4월의 어느 봄날에
金 映 潮

이메일 : showhela84@hanmail.net ｜ 연락처 : 010-8871-0915

303

梁石《乾隆草字彙》齊魯書社 2006

正草隸篆四體字典 編委會《正草隸篆四體字典》山東畫報出版社 2009

姜修尙《甲骨文書法常用字彙編》重慶大學出版社 2009

劉興隆《新編甲骨文字典》國際文化出版公司 2005

王本興《甲骨文字典》北京工藝美術出版社 2010

陳濟《甲骨文字形字典》長征出版社 2004

許愼/李兆宏, 劉東方《說文解字全鑒》中國紡織出版社 2012

左民安《細說漢字》九出州版社 2005

鬱乃堯, 張畢榮《趣味漢字》東方出版社 2008

徐中舒《甲骨文字學》四川辭書出版社 2003

謝光輝《常用漢字圖解》北京大學出版社 1999

韓鑒堂《漢字文化》北京言語大學出版社 2010

竇文宇, 竇勇《漢字解說》吉林文史出版社 2008

竇文宇, 竇勇《漢字字源》吉林文史出版社 2005

李大遂《簡明實用漢字學》北京大學出版社 1993

林西莉《漢字王國》三聯書店 2007

葉昌元《字理漢字部件通解》東方出版社 2008

景德, 崇聖《漢字尋根300例》山東美術出版社 2005

丁義誠, 張國慶 등《漢字詳解》新世界出版社 2009

唐漢《漢字密碼》學林出版社 2002

葉柏來《解文說字》華和理工大學出版社 2005

謝光輝《漢語字源字典》北京大學出版社 2000

高景成《常用字字源字典》語文出版社 2008

顧建平《漢字圖解字典》東方出版中心 2008

谷衍奎《漢語源流字典》語文出版社 2008

張桂光《漢字學簡論》廣東高等敎育出版社 2004

王顯春《漢字的起源》學林出版社 2003

蘇培成《現代漢字學綱要》北京大學出版社 2007

樊中岳《常用草書速査手冊》湖北美術出版社 1994

李樂毅《簡化字源》華語敎學出版社 1996

陳煒湛《漢字古今談》語文出版社 1988

楊洪淸, 朱新蘭《現代說文解字字典》群衆出版社 1997

左民安, 王盡忠《漢字部件講解》福建人民出版社 1998

朱英貴《漢字形義與器物文化》人民出版社 2009

Memo

Memo

Memo